Cath Kidston®

TEATIME

Cath Kidston®

TEATIME

Eine kleine Stärkung am Nachmittag

50 Rezepte für Kuchen,
Torten und Gebäck

BUSSECOLLECTION

Inhalt

Vorwort

In England ist der Afternoon Tea eine feste Institution, aber ähnliche Rituale kennt man auch in vielen anderen Ländern. Es gibt ja schließlich genug gute Gründe dafür, am Nachmittag eine kleine Pause einzulegen.

Vielleicht überrascht Sie im Büro das Nachmittagstief, und Sie brauchen dringend eine belebende Tasse Kaffee und etwas Süßes. Möglicherweise melden die Kinder nach der Schule Appetit auf eine Kleinigkeit an, oder Sie möchten sich einfach für ein paar Minuten aus dem Alltagstrubel zurückziehen. Was auch die Gründe sein mögen: eine Nachmittagspause tut gut!

Natürlich ist die Tee- oder Kaffeestunde auch eine gute Gelegenheit, sich mit Freundinnen zu treffen und bei Plätzchen und Kuchen die letzten Neuigkeiten auszutauschen. Oder haben Sie Lust, sich zu einem festlichen Anlass richtig ins Zeug zu legen und den Kaffeetisch besonders liebevoll zu decken? Sie entscheiden, wie viel Aufwand Sie treiben möchten.

In diesem Buch finden Sie Rezepte für ganz verschiedene Anlässe. Englische Teatime-Klassiker wie luftige Scones mit selbst gemachter Marmelade gehören ebenso dazu wie üppige Buttercremetorten, unkomplizierte Blechkuchen für den Kuchenverkauf bei einem Schulfest, handliche Kleinigkeiten wie Riegel und Brownies, aber auch herzhafte Backwaren wie Käse-Muffins und rustikale Tartes für ein Picknick im Grünen. Ein ganzes Kapitel ist besonderen Spezialitäten gewidmet – für festliche Anlässe, zu denen Sie gern alle Register der Backkunst ziehen möchten, um ihre Gäste zu beeindrucken.

Weil die wenigsten Menschen die Zeit haben, stundenlang in der Küche zu stehen, haben wir bei der Zusammenstellung der Rezepte besonders darauf geachtet, dass sie unkompliziert und schnell sind. Viele Praxistipps sorgen dafür, dass die Rezepte auch Einsteigern leicht gelingen werden. Lassen Sie sich bei der Tischdekoration von unseren Fotos inspirieren. Laden Sie liebe Gäste zu einer Schlemmerstunde am Nachmittag ein, und vergessen Sie nicht, rechtzeitig den Teekessel aufzusetzen.

Feines am Nachmittag

Afternoon Tea

Die englische Tradition des Afternoon Tea wurde von der Herzogin von Bedfordshire erfunden, um den – ihrer Meinung nach zu langen – Zeitraum zwischen Mittag und Abendessen zu überbrücken. In unserem heutigen Alltag finden wir selten Zeit, uns mitten am Nachmittag in aller Ruhe zu einer Tasse Tee niederzulassen. Trotzdem lohnt es sich, zumindest ab und zu so eine bewusste Pause einzuplanen, um sich mit Freunden und Familie bei Scones mit Marmelade, leckerem Kuchen und duftendem Tee zusammenzusetzen.

In diesem Kapitel finden Sie Rezepte für Gebäck, das traditionell zum Afternoon Tea serviert wird. Ob klassische Scones, Schichttorte, Apfelkuchen oder Früchtekuchen aus Wales: Alle sind einfach zuzubereiten und gelingen auch Backanfängern. Am besten schmecken die Leckereien zu einer guten Tasse Tee, oder zwei ...

Victoria-Schichttorte mit Vanillesahne und gezuckerten Erdbeeren

ERGIBT 12 STÜCKE

200 g weiche Butter, und etwas mehr zum Einfetten
200 g Zucker
1 Prise Salz
4 Eier (Größe M), verquirlt
200 g Mehl
3 TL Backpulver
1–2 EL Milch
1 TL Vanilleextrakt

Für die gezuckerten Erdbeeren
400 g Erdbeeren, entkelcht und halbiert
40 g Zucker

Für die Vanillesahne
300 ml Konditorsahne
1 TL Vanilleextrakt
Puderzucker zum Servieren

Den Backofen auf 180 °C vorheizen. Zwei runde Backformen (20 cm) einfetten und mit Backpapier auslegen.

Die Butter in einer großen Schüssel cremig rühren. Zucker und Salz zugeben und mit der Butter hell und schaumig aufschlagen. Das Ei in kleinen Portionen zugeben und jede Portion gut unterrühren. Mehl und Backpulver in zwei Portionen darauf sieben und mit einem großen Metalllöffel vorsichtig unterheben. Vanille und 1 Esslöffel Milch unterheben. Falls der Teig zu fest ist, etwas mehr Milch verwenden.

Den Teig in die beiden Formen füllen und die Oberfläche mit einem Teigschaber glattstreichen. 20–25 Minuten backen, bis die Oberfläche goldbraun ist und die Kuchen auf Fingerdruck leicht nachgeben. In den Formen 10 Minuten abkühlen lassen, dann auf einem Kuchengitter vollständig erkalten lassen.

Inzwischen die Erdbeeren in einer Schüssel mit dem Zucker bestreuen. Etwa 20 Minuten stehen lassen, bis Saft austritt.

Wenn die Teigböden kalt sind, die Sahne mit dem Vanilleextrakt in einer großen Schüssel steif schlagen. Die Sahne auf einen Teigboden geben und mit einem großen Messer verstreichen. Zwei Drittel der Erdbeeren gleichmäßig darauf verteilen, dann den zweiten Teigboden auflegen. Mit Puderzucker bestreuen und mit den restlichen Erdbeeren garnieren. Der Kuchen schmeckt am besten ganz frisch, kann aber im Kühlschrank 2 Tage aufbewahrt werden. 1–2 Stunden vor dem Servieren aus dem Kühlschrank nehmen, damit er sich auf Zimmertemperatur erwärmen kann.

Zitronenkuchen mit Mohn

ERGIBT 8 STÜCKE

125 ml warme Milch
2 EL Mohnsamen
abgeriebene Schale von 3 Zitronen, Saft von 1 Zitrone
200 g weiche Butter, und etwas mehr zum Einfetten
200 g Zucker
3 Eier (Größe M), leicht verquirlt
200 g Mehl
2 TL Backpulver

Für die Glasur
150 g Puderzucker
abgeriebene Schale und Saft von 1 Zitrone

Den Ba ckofen auf 180 °C vorheizen. Eine Kastenform (900 g) einfetten und mit Backpapier auslegen. In einer kleinen Schüssel die warme Milch mit dem Mohn verrühren und zur Seite stellen.

In einer großen Schüssel Butter und Zucker hell und schaumig aufschlagen. Das Ei in kleinen Portionen zugeben und jede Portion gut unterrühren.

Mehl und Backpulver auf die Mischung sieben und vorsichtig unterheben. Milch, Mohnsamen, Zitronenschale und -saft unterheben. Den Teig in die Form füllen und 40–45 Minuten backen, bis die Oberfläche goldbraun ist und an einem in der Mitte eingestochenen Stäbchen kein Teig haftet.

Den Kuchen einige Minuten in der Form abkühlen lassen, dann auf einem Kuchengitter vollständig erkalten lassen.

Für die Glasur den Puderzucker in eine Schüssel sieben. Mit Zitronensaft und -schale zu einer glatten, relativ flüssigen Mischung verrühren. Falls nötig, etwas mehr Zitronensaft oder Wasser unterrühren. Über den Kuchen träufeln und kurz erstarren lassen. Der Kuchen hält sich in einem luftdicht schließenden Behälter bis zu 3 Tage.

Saftiger Kirschkuchen

ERGIBT 12 STÜCKE

- 175 g Butter, und etwas mehr zum Einfetten
- 175 g Zucker
- 3 Eier (Größe M), leicht verquirlt
- 200 g gemahlene Mandeln
- 100 g Mehl
- 2 TL Backpulver
- 1 TL Vanilleextrakt
- 4–6 EL Milch
- 250 g Kirschen, entsteint (ersatzweise Himbeeren)
- 25 g Mandelblättchen
- Puderzucker zum Bestäuben

Den Backofen auf 180 °C vorheizen. Eine Springform (20 cm Durchmesser) einfetten und mit Backpapier auslegen. Zur Seite stellen.

In einer großen Schüssel die Butter cremig rühren, dann den Zucker zufügen und beides hell und schaumig aufschlagen. Die Eier portionsweise zufügen, jede Portion gut unterrühren. Die gemahlenen Mandeln auf die Masse streuen, Klümpchen dabei zerkleinern. Behutsam unterheben.

Mehl und Backpulver auf die Mischung sieben, den Vanilleextrakt zugeben und alles vorsichtig unterheben. Falls der Teig zu fest ist, etwas Milch unterrühren. Die Kirschen zügig untermischen. Den Teig in die Form füllen mit einem Teigschaber glattstreichen und mit den Mandelblättchen bestreuen. 30–35 Minuten backen, bis die Oberfläche goldbraun ist und an einem in der Mitte eingestochenen Stäbchen kein Teig haftet.

Den Kuchen in der Form 10 Minuten abkühlen lassen, dann auf einem Kuchengitter vollständig erkalten lassen. Vor dem Servieren mit Puderzucker bestreuen. Der Kuchen hält sich in einem luftdicht schließenden Behältnis bis zu 2 Tage.

Mandel-Holunderblütenkuchen mit Stachelbeersahne

ERGIBT 12 STÜCKE

250 g weiche Butter, und etwas mehr zum Einfetten
200 g Zucker
4 Eier (Größe M), getrennt
100 g Mehl
120 g gemahlene Mandeln
2 TL Backpulver
4 EL Holunderblütensirup
abgeriebene Schale von 1 Zitrone

Für die Füllung

250 g Stachelbeeren, geputzt (alternativ 8 EL Stachelbeerkonfitüre, dann den Zucker weglassen)
50 g Zucker
400 ml Konditorsahne
4 EL Holunderblütensirup

Den Backofen auf 180 °C vorheizen. Zwei flache, runde Backformen (20 cm Durchmesser) einfetten und mit Backpapier auslegen.

Butter und Zucker in einer großen Rührschüssel hell und schaumig aufschlagen. Die Eigelbe einzeln zugeben und jedes gut unterrühren. Mehl, gemahlene Mandeln und Backpulver auf die Mischung sieben und unterheben. Holunderblütensirup und Zitronenschale zugeben und nur ganz kurz unterheben.

Die Eiweiße in einer sauberen Schüssel zu steifem Eischnee schlagen. Ein Drittel des Eischnees auf den Kuchenteig füllen und vorsichtig unterheben, um ihn zu lockern. Dann den restlichen Eischnee in zwei Portionen nur kurz unterheben. Den Teig in die beiden Formen verteilen und mit einem Teigschaber glattstreichen. 25–30 Minuten goldbraun backen, bis an einem in der Mitte eingestochenen Stäbchen kein Teig haftet. In den Formen 10 Minuten abkühlen lassen, dann auf ein Kuchengitter stürzen und vollständig erkalten lassen.

Für die Füllung frische Stachelbeeren mit dem Zucker und 1 EL Wasser in einem kleinen Topf unter ständigem Rühren bei niedriger Temperatur erhitzen, bis die Stachelbeeren platzen und der Zucker ganz aufgelöst ist. Zum Abkühlen zur Seite stellen.

Die Sahne in einer Rührschüssel mit dem Holunderblütensirup steif schlagen. Einen Teigboden auf eine Servierplatte legen und mit einem Drittel der Stachelbeeren (oder der Konfitüre) bestreichen. Die Hälfte der Sahne bis fast an den Rand des Kuchens darauf verstreichen und ein weiteres Drittel der Stachelbeeren darauf verteilen. Den 2. Teigboden auflegen. Mit der restlichen Sahne und den restlichen Stachelbeeren oder der Konfitüre bestreichen. Der Kuchen kann im Kühlschrank bis zu 3 Tage aufbewahrt werden, sollte aber 1–2 Stunden vor dem Servieren herausgenommen werden, damit er sich auf Zimmertemperatur erwärmen kann.

Variation

Sie können für dieses Rezept alle Beeren verwenden, die gerade Saison haben. Eventuell muss dann die Zuckermenge angepasst werden. Himbeeren sind beispielsweise wesentlich süßer als Stachelbeeren und brauchen eventuell gar nicht gezuckert zu werden.

Möhrenkuchen mit Zimt-Frischkäse-Creme

ERGIBT 12 STÜCKE

150 g Pekannuss-Hälften, plus 12 zum Garnieren
200 g Butter, zerlassen
200 g brauner Zucker
4 Eier (Größe M), leicht verquirlt
250 g Mehl
2 gehäufte TL Backpulver
1 Prise Salz
1 ½ TL Speisenatron
1 TL gemahlener Zimt
½ TL gemahlenes Lebkuchengewürz
abgeriebene Schale von 1 Orange
100 g helle Rosinen
250 g Möhren, geschält und geraspelt

Für die Creme
120 g weiche Butter
300 g Frischkäse, zimmerwarm
½ TL Vanilleextrakt
1 TL gemahlener Zimt
100 g Puderzucker

Den Backofen auf 180 °C vorheizen. Zwei runde Backformen (20 cm Durchmesser) einfetten, mit Backpapier auslegen und zur Seite stellen.

Die Pekannüsse auf einem Backblech verteilen und im vorgeheizten Ofen 5 Minuten goldbraun rösten. Auf einen Teller schütten und abkühlen lassen, dann grob hacken. Zur Seite stellen.

Die zerlassene Butter in einer großen Rührschüssel mit Zucker und Eiern hell und sehr schaumig aufschlagen. Mehl, Salz, Natron und Gewürze auf die Mischung sieben und nur kurz unterheben. Orangenschale, Rosinen, Möhren und Pekannüsse gleichmäßig untermischen.

Den Teig in die beiden Formen füllen und mit einem Teigschaber glattstreichen. 30–35 Minuten goldbraun backen, bis an einem in der Mitte eingestochenen Stäbchen keine Teigreste haften. In den Formen 10 Minuten abkühlen lassen, dann auf ein Kuchengitter stürzen und erkalten lassen.

Für die Creme die Butter in einer Rührschüssel schaumig aufschlagen. Frischkäse, Vanille und Zimt zugeben und gut unterrühren. Den Puderzucker auf die Mischung sieben und nur kurz unterheben. Nicht zu lange rühren, sonst wird die Creme flüssig.

Die Hälfte der Creme auf einen Teigboden geben und bis fast an den Rand verstreichen. Den zweiten Teigboden aufsetzen und mit der restlichen Creme bestreichen. Mit Pekannuss-Hälften garnieren. Der Kuchen hält sich in einem luftdicht schließenden Behältnis bis zu 3 Tage.

Variation

Leichter wird der Kuchen, wenn Sie die Möhren durch geraspelte Zucchini ersetzen. Sie müssen in einem Geschirrtuch gut ausgepresst werden, weil sie viel Wasser enthalten.

Apfelkuchen mit knuspriger Zuckerkruste

ERGIBT 12 STÜCKE

- 400 g säuerlich-aromatische Äpfel, geschält, entkernt und in 1 cm große Würfel geschnitten
- 215 g hellbrauner Zucker
- abgeriebene Schale und Saft von 1 Zitrone
- 200 g Butter, zimmerwarm
- 3 Eier (Größe L), leicht verquirlt
- 175 g Mehl
- 3 TL Backpulver
- 50 g gemahlene Mandeln
- 100 g helle Rosinen
- 2 EL brauner Zucker
- Crème fraîche, Sahne oder Vanillesauce zum Servieren (nach Belieben)

Den Backofen auf 180 °C vorheizen. Eine Springform (23 cm Durchmesser) einfetten und mit Backpapier auslegen.

Die gewürfelten Äpfel in einer Schüssel mit 4 EL hellbraunem Zucker, Zitronenschale und -saft mischen und zur Seite stellen.

Die Butter in einer großen Schüssel cremig rühren. Den restlichen Zucker zugeben und mit der Butter hell und schaumig aufschlagen. Die Eier in kleinen Portionen zugeben und jeweils gut unterrühren. Mehl, Backpulver und gemahlene Mandeln auf die Mischung sieben und kurz unterheben.

Die Äpfel abtropfen lassen und mit den Rosinen unter den Teig heben. Den Teig in die vorbereitete Form füllen, mit einem Teigschaber glattstreichen und mit dem braunen Zucker bestreuen.

In den Ofen schieben und 50–60 Minuten backen, bis der Kuchen goldbraun und aufgegangen ist und an einem in der Mitte eingestochenen Stäbchen kein Teig haftet. Nach 40 Minuten in den Ofen schauen: wenn die Oberfläche zu dunkel wird, den Kuchen locker mit Alufolie abdecken. 10 Minuten in der Form abkühlen lassen, dann vorsichtig herausnehmen. Der Kuchen schmeckt warm mit Crème fraîche, Schlagsahne oder Vanillesauce. Er kann in einem luftdicht schließenden Behälter bis zu 3 Tage aufbewahrt werden.

Buttermilch-Scones mit Sauerkirschen

ERGIBT 12 STÜCK

350 g Mehl, und etwas mehr zum Bestäuben
1 TL Backpulver
1 Prise Salz
90 g Butter, gewürfelt
25 g Zucker
60 g getrocknete Sauerkirschen, grob gehackt (nach Belieben)
175 ml Buttermilch
1 Ei, verquirlt mit 1 EL Milch, zum Bestreichen

Den Backofen auf 220 °C vorheizen. Mehl, Salz und Backpulver in eine große Schüssel sieben. Die Butter zugeben und alles mit den Fingerspitzen zu einer fein-bröseligen Masse verarbeiten. Zucker und Sauerkirschen (falls verwendet) untermischen.

Die Buttermilch erwärmen. Mit einem Kochlöffel eine Vertiefung in die Mitte der Mehlmischung drücken. Die lauwarme Buttermilch hineingießen und alles zügig mit einem Tafelmesser zu einem Teig verarbeiten.

Etwas Mehl auf die Arbeitsfläche streuen und den Teig darauf einige Male wenden, bis er glatt aussieht. Zu einem Kreis von 3–4 cm Dicke formen. Eine runde Ausstechform (5 cm) in Mehl tauchen und damit aus dem Teig Kreise ausstechen. Die Form beim Ausstechen nicht drehen. Den restlichen Teig wieder zusammendrücken und weitere Kreise ausstechen.

Die Scones auf ein Backblech legen und die Oberseiten mit Eiermilch bestreichen. 10–12 Minuten backen, bis die Scones aufgegangen und goldbraun sind. Ihre Seiten müssen sich fest anfühlen.

Die Scones warm mit Marmelade und Clotted Cream servieren. Sie können in einem luftdicht schließenden Behältnis bis zu 2 Tage aufbewahrt werden.

(Abbildung nächste Doppelseite)

Himbeermarmelade mit Rosenwasser

ERGIBT CA. 3 GLÄSER À 370 G

1 kg Himbeeren (frisch oder gefroren)
Saft von ½ Zitrone
1 kg Zucker
2 EL Rosenwasser (nach Belieben)

Zuerst die Gläser sterilisieren. Den Backofen auf 170 °C vorheizen. Drei saubere Schraubgläser (370 g) und ihre Deckel in den Ofen legen. Den Ofen abschalten. Die Gläser erst herausnehmen, wenn die Marmelade fertig ist. 2–3 Untertassen ins Gefrierfach legen.

Die Hälfte der Himbeeren mit dem Zitronensaft in einem großen Topf bei mittlerer Temperatur köcheln lassen, bis sie zu zerfallen beginnen. Die restlichen Himbeeren und den Zucker zufügen und alles auf niedrigster Stufe unter ständigem Rühren köcheln lassen, bis der Zucker aufgelöst ist. Dann auf hohe Temperatur umschalten und die Mischung unter Rühren 5 Minuten sprudelnd kochen lassen.

Den Topf vom Herd nehmen. Einen kleinen Klecks der Mischung auf eine gekühlte Untertasse geben. Den Klecks mit der Fingerspitze zusammenschieben: seine Oberfläche soll dabei runzlig werden. Geschieht das nicht, die Mischung weitere 2 Minuten kochen, dann erneut eine Gelierprobe durchführen.

Wenn die Marmelade geliert, das Rosenwasser (falls verwendet) unterrühren. Die heiße Marmelade in die gewärmten Gläser füllen und sorgfältig verschließen. Kühl und dunkel lagern. Geschlossene Gläser sind etwa ein Jahr haltbar, geöffnete sollten im Kühlschrank aufbewahrt werden.

(Abbildung nächste Doppelseite)

Walnussbrot ohne Hefe

ERGIBT 12 SCHEIBEN

250 g Mehl
250 g Vollkorn-Weizenmehl
25 g Butter, gewürfelt
100 g Haferflocken
1 TL Speisenatron
1 TL Salz
500 ml Buttermilch oder Naturjoghurt
100 g Walnusskern-Hälften

Den Backofen auf 200 °C vorheizen.

Beide Mehlsorten in eine große Schüssel sieben. Die Butter zugeben und alles mit den Fingerspitzen zu einer fein-krümeligen Mischung verarbeiten. Es dürfen keine Butterklümpchen mehr zu sehen sein. Haferflocken, Natron und Salz untermischen.

Mit einem Kochlöffel eine Vertiefung in die Mitte der Mehlmischung drücken. Buttermilch oder Joghurt hineingeben und alles zügig zu einem klebrigen Teig vermengen. Die Walnusshälften untermischen.

Den Teig mit den Händen zu einer Kugel formen und auf ein dünn mit Mehl bestreutes Backblech legen. Die Kugel etwas flacher drücken. Einen Kochlöffelstiel in Mehl tunken und damit ein Kreuz in die Oberfläche des Brotlaibs drücken.

In den Ofen schieben und 40–45 Minuten backen, bis das Brot goldbraun ist und beim Klopfen gegen die Unterseite hohl klingt. Nach 30 Minuten in den Ofen schauen: falls die Oberfläche zu dunkel wird, das Brot locker mit Alufolie abdecken. Aus dem Ofen nehmen, auf ein Kuchengitter legen und mit einem Geschirrtuch abdecken (dadurch bleibt die Kruste weich). Abkühlen lassen. Nur mit Butter oder mit einem Belag servieren. Vorschläge dafür finden Sie auf der Seite gegenüber.

(Abbildung nächste Doppelseite)

Leckere Beläge für das Walnussbrot sind beispielsweise:

- Gesalzene Butter und Gurkenscheiben
- Räucherlachs, Frischkäse, Dillspitzen und etwas abgeriebene Zitronenschale
- Roastbeef, dünne Rote-Bete-Scheiben und Sahnemeerrettich
- Würziger Hartkäse wie Cheddar, Comté oder Gruyère, Ringe von Frühlingszwiebeln und Radieschenscheiben
- Grob gehackte hart gekochte Eier und Kresse

Mürbeplätzchen mit Clotted Cream

ERGIBT 34 STÜCK

225 g Butter, zimmerwarm
75 g Clotted Cream (ersatzweise Butter)
130 g Feinster Zucker, und etwas mehr zum Bestreuen
275 g Mehl, und etwas mehr zum Bestäuben
175 g Reismehl

Butter, Clotted Cream und Zucker in einem Mixer glatt verrühren. Beide Mehlsorten zugeben und alles zu einem glatten Teig verarbeiten. Den Teig zur Kugel formen, flach drücken, in Frischhaltefolie wickeln und 30 Minuten in den Kühlschrank legen.

Etwas Mehl auf die Arbeitsfläche streuen. Den Teig darauf vorsichtig etwa 1 cm dick ausrollen und mit einer runden Ausstechform (5 cm) Kreise ausstechen. Die Teigreste kurz zusammenkneten, erneut ausrollen und weitere Kreise ausstechen. Wiederholen, bis der Teig verbraucht ist.

Ein Backblech mit Backpapier auslegen. Die Plätzchen darauf legen und weitere 15–30 Minuten zum Festwerden in den Kühlschrank stellen. Inzwischen den Backofen auf 160 °C vorheizen.

Die Plätzchen 25–30 Minuten backen, bis sie goldbraun und fest sind. Auf einem Kuchengitter abkühlen lassen und vor dem Servieren mit etwas Zucker bestreuen.

Streuselkuchen mit Äpfeln und Brombeeren

ERGIBT 12 STÜCKE

2 große, säuerlich-aromatische Äpfel
250 g Brombeeren
Saft von ½ Zitrone
250 g Feinster Zucker
½ TL gemahlener Zimt
250 g weiche Butter, und etwas mehr zum Einfetten
4 Eier (Größe M), leicht verquirlt
300 g Mehl
1 TL Backpulver
1 TL Vanilleextrakt
Puderzucker, zum Bestäuben
Crème fraîche zum Servieren (nach Belieben)

Für die Streusel
140 g Mehl
80 g kalte Butter, in kleine Würfel geschnitten
50 g Zucker
½ TL gemahlener Zimt

Den Backofen auf 160 °C vorheizen. Eine Springform (23 cm) einfetten und mit Backpapier auslegen.

Für die Streusel das Mehl in eine Rührschüssel geben. Die Butterwürfel zufügen und alles mit den Fingerspitzen zu einer fein-krümeligen Mischung verarbeiten. Es dürfen keine Butterklümpchen mehr zu sehen sein. Zucker und Zimt unterrühren und zur Seite stellen.

Die Äpfel schälen, vierteln und entkernen, dann in 1 cm große Würfel schneiden. In einer Schüssel mit Brombeeren, Zitronensaft, 2 Esslöffeln Zucker und dem Zimt mischen. Zur Seite stellen.

In einer anderen Schüssel die Butter mit dem restlichen Zucker hell und schaumig aufschlagen. Das Ei in kleinen Portionen zugeben und jede Portion gut unterrühren. Mehl und Backpulver auf die Mischung sieben und zügig unterheben.

Vanillearoma und Früchte zugeben und ebenfalls rasch unterheben. Den Teig in die vorbereitete Form füllen und mit einem Teigschaber glattstreichen. Gleichmäßig mit den Streuseln bestreuen.

75–90 Minuten goldbraun backen, bis an einem in der Mitte eingestochenen Stäbchen kein Teig haftet. Nach etwa 1 Stunde nachschauen: wenn die Oberfläche zu dunkel wird, den Kuchen locker mit Alufolie abdecken.

In der Form 10 Minuten abkühlen lasseno, dann vorsichtig herausnehmen und auf einem Kuchengitter vollständig erkalten lassen. Vor dem Servieren mit Puderzucker bestreuen. Besonders gut schmeckt der Kuchen mit einem Klecks Crème fraîche. Er kann in einem luftdicht schließenden Behälter 2 Tage aufbewahrt werden.

Vanille-Pflaumenkuchen nach Art der Tarte Tatin

ERGIBT 12 STÜCKE

250 g Butter, und etwas mehr zum Einfetten
250 g Feinster Zucker
4 Eier (Größe M), leicht verquirlt
250 g Mehl
3 TL Backpulver
75 g gemahlene Mandeln
1 TL Vanille-Paste
100 g Naturjoghurt

Für die Fruchtschicht
30 g Butter
30 g brauner Zucker
½ TL Vanille-Paste
600 g reife Pflaumen, entsteint und in 1 cm dicke Spalten geschnitten

Den Backofen auf 180 °C vorheizen. Eine Springform (23 cm) einfetten und mit Backpapier auslegen.

Zuerst die Fruchtschicht vorbereiten. Butter und Zucker in einem kleinen Topf bei niedriger Temperatur unter ständigem Rühren erhitzen, bis der Zucker geschmolzen und ein dickflüssiger Karamellsirup entstanden ist. Die Vanille-Paste unterrühren. Die Mischung gleichmäßig auf den Boden der ausgelegten Backform gießen. Die Pflaumenspalten überlappend in konzentrischen Kreisen in die Form legen. Zur Seite stellen.

Butter in einer großen Rührschüssel cremig rühren, dann mit Zucker schaumig aufschlagen. Eier einzeln zugeben und jeweils gut unterrühren. Mehl, Backpulver und gemahlene Mandeln auf die Mischung sieben und vorsichtig unterheben. Vanille und Joghurt einarbeiten. Den Teig auf die Pflaumen geben und die Oberfläche glattstreichen.

45–55 Minuten backen, bis der Teig goldbraun und aufgegangen ist und an einem in der Mitte eingestochenen Stäbchen kein Teig haftet. 10 Minuten in der Form abkühlen lassen, dann Teig und Karamell mit einem Messer vom Formrand lösen. Den Kuchen auf eine Servierplatte stürzen – die Pflaumen liegen nun oben. Der Kuchen schmeckt warm am besten, kann aber auch in einem luftdicht schließenden Behälter 2 Tage aufbewahrt werden.

Früchtebrot Lady Grey

ERGIBT 12 SCHEIBEN

- 350 g Korinthen, helle und dunkle Rosinen, gemischt
- 200 g brauner Zucker
- abgeriebene Schale von 1 Orange (Bio)
- 250 ml heißer, starker Lady-Grey-Tee
- 300 g Mehl
- 3 TL Backpulver
- 50 g gemahlene Mandeln
- 1 ½ TL Lebkuchengewürz
- ½ TL gemahlener Zimt
- 2 Eier (Größe M), leicht verquirlt
- 60 g zerlassene Butter, und etwas mehr zum Einfetten

Trockenfrüchte, Zucker und Orangenschale in einer Rührschüssel mit dem heißen Tee übergießen, durchrühren und über Nacht quellen lassen.

Am nächsten Tag den Backofen auf 160 °C vorheizen. Eine Kastenform (900 g) einfetten, mit Backpapier auslegen und zur Seite stellen.

Mehl, Backpulver, Mandeln und Gewürze über die Früchte sieben und vorsichtig unterrühren. Eier und Butter zufügen und alles zügig verrühren.

Den Teig in die Form füllen, die Oberfläche mit einem Teigschaber glattstreichen und 1–1½ Stunden goldbraun backen. Nach 45 Minuten nachschauen: Wenn die Oberfläche zu dunkel wird, locker mit Alufolie abdecken.

In der Form 10 Minuten abkühlen lassen, dann auf ein Kuchengitter stürzen. Am besten schmeckt das Früchtebrot lauwarm mit Butter, es kann aber auch in einem luftdicht schließenden Behältnis 4–5 Tage aufbewahrt werden.

Clementinenkuchen mit bitterer Orangenmarmelade

ERGIBT 12 STÜCKE

200 g Butter, und etwas mehr zum Einfetten
200 g Feinster Zucker
4 Eier (Größe M), leicht verquirlt
175 g Mehl
2 ½ TL Backpulver
50 g gemahlene Mandeln
2 Clementinen (Bio)
7 EL Orangenmarmelade mit Schalenstückchen
Crème fraîche zum Servieren (n. Belieben)

Für die Fruchtschicht
4 EL brauner Zucker
3 Clementinen (Bio), in dünne Scheiben geschnitten

Den Backofen auf 180 °C vorheizen. Eine Springform (23 cm) einfetten und mit Backpapier auslegen. Den Formboden gleichmäßig mit dem braunen Zucker bestreuen. Die Clementinenscheiben leicht überlappend in konzentrischen Kreisen darauf verteilen. Zur Seite stellen.

Butter und Zucker hell und schaumig aufschlagen. Die Eier in kleinen Portionen zugeben und jeweils gut unterrühren. Mehl, gemahlene Mandeln und Backpulver auf die Mischung sieben und zügig unterheben. Den Saft und die abgeriebene Schale von 1 Clementine sowie 2 EL Marmelade zugeben und kurz unterrühren. Den Teig in die Form füllen und glattstreichen. 40–45 Minuten goldbraun backen, bis an einem in der Mitte eingestochenen Stäbchen kein Teig haftet. Nach 30 Minuten kontrollieren: wenn die Oberfläche zu dunkel wird, den Kuchen locker mit Alufolie abdecken. 10 Minuten in der Form abkühlen lassen, dann auf ein Kuchengitter oder eine Servierplatte stürzen. Die Clementinenschicht befindet sich nun oben.

Für die Glasur den Saft der restlichen Clementine in einem kleinen Topf erhitzen. Die restliche Marmelade unter ständigem Rühren darin auflösen, dann 1 Minute kochen und etwas eindicken lassen. Die Glasur auf den Kuchen gießen und gleichmäßig verteilen. Der Kuchen schmeckt am besten warm mit Crème fraîche, kann aber in einem luftdicht schließenden Behältnis auch 2 Tage aufbewahrt werden.

Für unterwegs

Für unterwegs

An der frischen Luft schmeckt einfach alles besser! Planen Sie eine Radtour oder einen Ausflug aufs Land, suchen Sie einen schönen Platz für die Picknickdecke, und packen Sie die Köstlichkeiten aus – notfalls im Park!

Die ideale Picknick-Verpflegung lässt sich problemlos mitnehmen. Am besten sind Leckereien, die man aus der Hand essen kann, denn dann können Teller und Besteck zu Hause bleiben. In diesem Kapitel finden Sie Rezepte für herzhafte und süße Leckereien, wie Würstchen im Teigmantel, Nudelmuffins und knuspriges Mandelkonfekt, die auch eine längere Wanderung im Rucksack überstehen. Wenn die Sonne scheint (was wir doch hoffen wollen!), brauchen Sie auch erfrischende Getränke. Wie wäre es mit selbst gemachter Rosenlimonade oder erfrischendem Holunderblüten-Drink?

Feta-Karrees mit karamellisierten Zwiebeln und Thymian

ERGIBT 6 STÜCK

- 40 g Butter
- 4 mittelgroße rote Zwiebeln, in dünne Ringe geschnitten
- 1 EL Thymianblättchen, fein gehackt
- 2 EL brauner Zucker
- 2 EL Balsamico-Essig
- Mehl für die Arbeitsfläche
- 320 g Blätterteig (Fertigprodukt)
- 100 g Feta, zerbröselt

Den Backofen auf 200 °C vorheizen.

Die Butter in einer großen Pfanne bei niedriger bis mittlerer Temperatur erhitzen. Wenn sie schäumt, Zwiebeln und Thymian zugeben und unter häufigem Rühren 20 Minuten glasig und sehr weich dünsten. Falls die Zwiebeln am Pfannenboden ansetzen, einige Esslöffel Wasser zugeben. Zucker und Essig hinzufügen und weitere 2–3 Minuten köcheln lassen, bis die Zwiebeln leicht karamellisiert sind. Vom Herd nehmen und zum Abkühlen zur Seite stellen.

Etwas Mehl auf die Arbeitsfläche streuen. Den Blätterteig darauf in 6 gleich große Quadrate schneiden. Die Teigstücke im Abstand von 1 cm zum Rand mit einem Messer rundherum anritzen. Die Zwiebeln auf dem inneren Quadrat verteilen und den Feta darüber streuen, dabei die markierten Ränder frei lassen. In den Ofen schieben und 10–12 Minuten backen, bis der Teig goldbraun und knusprig ist. Der Feta soll leicht gebräunt sein.

Die Karrees schmecken lauwarm oder zimmerwarm am besten. Sie können im Kühlschrank 2 Tage aufbewahrt werden, sollten aber 1–2 Stunden vor dem Servieren herausgenommen werden, damit sie sich auf Zimmertemperatur erwärmen. Alternativ können Sie 5–6 Minuten bei 180 °C im Backofen aufgewärmt werden.

(Abbildung Seite 51)

Wenn Sie Lust auf Abwechslung haben, können Sie auch diese Beläge probieren:

- Dünne Scheiben von frischen Birnen, zerbröselter Roquefort und grob gehackte Walnusskerne
- Scheiben von Kirschtomaten, Mozzarella-Stückchen, Basilikum und einige Tropfen Balsamico-Essig
- Mascarpone, Feigen und Parmaschinken

Frittata mit Roten Beten, Feta und Dill

ERGIBT 8 STÜCKE

2 TL Olivenöl

4 Frühlingszwiebeln, in dünne Ringe geschnitten

1 EL Zwiebelchutney

100 g Rucola

250 g gegarte Rote Bete, in Scheiben geschnitten

6 Eier (Größe M), leicht verquirlt

1 kleine Handvoll Dill

120 g Feta, zerbröselt

Salz und schwarzer Pfeffer aus der Mühle

Den Backofen auf 180 °C vorheizen.

Eine Backform (30 x 20 cm) mit Backpapier auslegen.

Das Olivenöl in einer kleinen Pfanne erhitzen. Die Frühlingszwiebeln darin 3–4 Minuten weich dünsten, dann Chutney und Rucola zugeben. 30 Sekunden unter ständigem Rühren erhitzen, bis der Rucola zusammenfällt, dann die Pfanne sofort vom Herd nehmen. Die Mischung gleichmäßig auf dem Boden der vorbereiteten Form verteilen. Die Rote Bete darauf legen.

Die verquirlten Eier mit Salz und Pfeffer würzen, den gehackten Dill unterrühren und die Mischung in die Form gießen. Mit dem Feta bestreuen. Vorsichtig in den Ofen schieben und 20–25 Minuten backen, bis die Frittata goldbraun und fest ist. In der Form abkühlen lassen, dann in 8 Stücke schneiden. Sie können die Frittata auch bis zum Servieren in den Kühlschrank stellen.

Pikante Käsestangen

ERGIBT 30–34 STÜCK

- 190 g Mehl, und etwas mehr zum Bestäuben
- 1 Prise Salz
- 110 g kalte Butter, in kleine Würfel geschnitten
- 150 g Stilton, zerbröselt
- ½ TL Mittelscharfer Senf oder 1 Prise Senfpulver
- 1 mittelgroßes Eigelb, gekühlt

Mehl und Salz in eine Rührschüssel sieben. Die Butter hinzufügen und alles mit den Fingern zu einer fein-krümeligen Masse verarbeiten. Alternativ kurz im Mixer vermengen.

Käse, Senf und Eigelb sowie 1–2 Esslöffel kaltes Wasser zugeben und alles zu einem festen Teig verarbeiten. In Frischhaltefolie wickeln und 30 Minuten in den Kühlschrank legen.

Den Backofen auf 190 °C vorheizen. Ein Backblech mit Backpapier auslegen.

Etwas Mehl auf die Arbeitsfläche streuen und den Teig darauf zu einem 5 mm dicken Quadrat ausrollen. Das Quadrat halbieren, dann jede Hälfte in 1 cm breite Streifen schneiden. Die Streifen auf das vorbereitete Backblech legen und 10–15 Minuten backen, bis sie knusprig und goldbraun sind. Einen Moment auf dem Backblech abkühlen lassen, dann auf einem Kuchengitter vollständig erkalten lassen. Die Käsestangen können in einem luftdicht schließenden Behältnis bis zu 2–3 Tage aufbewahrt werden.

CATCH OF THE DAY

Wurströllchen mit Senf und Salbei

ERGIBT 12 STÜCK

- 450 g frisches Wurstbrät
- 2 EL Salbeiblätter, fein gehackt
- 1 EL körniger Senf
- Mehl für die Arbeitsfläche
- 320 g Blätterteig (Fertigprodukt)
- 1 Ei (Größe M), verquirlt
- Schwarzes Pfefferschrot zum Bestreuen (nach Belieben)

Den Backofen auf 200 °C vorheizen. Zwei Backbleche mit Backpapier auslegen.

Das Wurstbrät in einer großen Rührschüssel sehr gründlich mit Salbei und Senf verrühren.

Etwas Mehl auf die Arbeitsfläche streuen. Den Blätterteig darauf legen und längs halbieren. Die Hälfte der Wurstmasse auf einen Teigstreifen streichen, aber am Rand 1–2 cm frei lassen. Diesen Rand mit etwas verquirltem Ei bestreichen, dann den Teig um die Wurstmasse rollen und die Nahtstelle gut zudrücken. Die Schmalseiten offen lassen, aber gerade schneiden. Mit dem zweiten Teigstreifen und der restlichen Wurstmasse ebenso verfahren.

Jede Rolle in 6 gleich große Stücke schneiden. Die Oberseiten mit verquirltem Ei bestreichen, mit Pfefferschrot bestreuen (optional) und auf die Backbleche legen. Dazwischen jeweils 2 cm Platz lassen.

15–20 Minuten backen, bis der Teig goldbraun und knusprig ist. Ein Metallstäbchen 10 Sekunden lang in die Mitte eines Röllchens einstechen. Das Fleisch ist gar, wenn das Stäbchen beim Herausziehen sehr heiß ist. Die Röllchen frisch aus dem Ofen servieren oder zum Mitnehmen einpacken. Sie halten sich im Kühlschrank 2 Tage, sollten aber 1–2 Stunden vor dem Servieren herausgenommen werden, damit sie sich auf Zimmertemperatur erwärmen können.

Spargel-Schinken-Röllchen

ERGIBT 6 STÜCK

- Mehl für die Arbeitsfläche
- 320 g Blätterteig (Fertigprodukt)
- 120 g Frischkäse mit Knoblauch und Kräutern
- 100 g dünne Spargelstangen
- 3 Scheiben Parmaschinken, längs halbiert
- 1 Ei, verquirlt
- 10 g Parmesan, fein gerieben

Den Backofen auf 200 °C vorheizen. Zwei Backbleche mit Backpapier auslegen.

Etwas Mehl auf die Arbeitsfläche streuen, den Blätterteig darauf legen und in 6 gleich große Quadrate schneiden.

Auf die diagonale Mitte jedes Teigquadrats 1/6 des Frischkäses streichen. Je 1/6 der Spargelstangen mit einer Scheibe Schinken umwickeln, dann auf den Frischkäse legen. Die freien Ecken jedes Teigquadrats über die Füllung falten, zusammendrücken und mit verquirltem Ei bestreichen. Die Päckchen mit dem Parmesan bestreuen.

Die Teigpäckchen auf die vorbereiteten Backbleche legen und 15–20 Minuten backen, bis der Teig goldbraun und knusprig ist. Warm oder zimmerwarm servieren. Die Teigpäckchen können 2 Tage im Kühlschrank aufbewahrt werden.

Käsemuffins mit Marmite®

ERGIBT 12 STÜCK

- 200 g Mehl
- 2 TL Backpulver
- 125 g reifer Cheddar
- 4 Frühlingszwiebeln, in dünne Ringe geschnitten
- 1 EL plus 1 TL Hefeextrakt (z.B. Marmite®)
- 75 g zerlassene Butter
- 200 ml Milch
- 1 Ei (Größe L), leicht verquirlt

Den Backofen auf 190 °C vorheizen. Papierförmchen in ein 12er-Muffinblech setzen.

Das Mehl und Backpulver mit 100 g Käse und den Frühlingszwiebeln mischen und zur Seite stellen. In einer anderen Schüssel einen Esslöffel Hefeextrakt vollständig in der zerlassenen Butter auflösen. Milch und Ei zugeben und mit einem Schneebesen gut verrühren.

Eine Vertiefung in die Mitte der Mehlmischung drücken, die flüssigen Zutaten hineingießen und alles zügig verrühren.

Mit einem Eiskugelformer oder einem großen Löffel, den Teig in die Papierförmchen geben. Sie dürfen nur zu ²/₃ gefüllt werden. Den restlichen Käse mit 1 Teelöffel Hefeextrakt mischen und auf den Muffins verteilen. 25–30 Minuten backen, bis der Teig goldbraun und aufgegangen ist und an einem in der Mitte eingestochenen Stäbchen kein Teig haftet. Die Muffins halten sich in einem luftdicht schließenden Behälter bis zu 3 Tage.

Makkaroni-Muffins mit Käse

ERGIBT 12 STÜCK

250 g Makkaroni
70 g Pancetta, gewürfelt
20 g Butter, und etwas mehr zum Einfetten
40 g Mehl
450 ml Milch
50 g Frischkäse
½ TL mittelscharfer Senf
275 g Cheddar, gerieben
25 g Semmelbrösel

Den Backofen auf 190 °C vorheizen. Ein 12-er Muffinblech mit etwas Butter einfetten.

Die Makkaroni in einem großen Topf mit leicht gesalzenem Wasser 5 Minuten bissfest garen, abgießen und zur Seite stellen.

Inzwischen den Speck in eine kalte Pfanne geben (so brät mehr Fett heraus) und bei mittlerer Temperatur auf dem Herd erhitzen. 5 Minuten unter gelegentlichem Rühren braten, bis die Speckwürfel knusprig und goldbraun sind. Die Butter zugeben. Wenn sie schäumt, das Mehl zufügen und unter ständigem Rühren 1–2 Minuten anschwitzen. Die Pfanne vom Herd nehmen. Langsam unter ständigem Rühren die Milch zugießen, bis eine relativ flüssige Sauce entstanden ist.

Die Pfanne wieder auf den Herd stellen und unter ständigem Rühren erhitzen, bis die Sauce eindickt und brodelt. Vom Herd nehmen. Frischkäse, Senf und 250 g Cheddar zugeben und rühren, bis der Käse geschmolzen ist. Die Nudeln unterrühren.

Die Vertiefungen des Muffinblechs bis knapp unter dem Rand mit der Mischung befüllen. Mit dem restlichen Cheddar und den Semmelbröseln bestreuen. 12–15 Minuten backen, bis die Oberfläche goldbraun ist und brodelt. Im Blech 20 Minuten abkühlen lassen, dann vorsichtig herausnehmen. Abgekühlt lassen sich die Muffins gut transportieren. Sie können bis zu 2 Tage im Kühlschrank aufbewahrt werden.

Apfeltaschen mit Pekannüssen

ERGIBT 6 STÜCK

30 g Butter
50 g Pekannüsse, grob gehackt
350 g säuerlich-aromatische Äpfel, geschält, entkernt und in 1 cm große Würfel geschnitten
70 g brauner Zucker
Mehl für die Arbeitsfläche
320 g Blätterteig (Fertigprodukt)
1 Ei (Größe M), verquirlt
1 EL Demerara Zucker

Den Backofen auf 200 °C vorheizen. Zwei Backbleche mit Backpapier auslegen.

Die Butter in einem mittelgroßen Topf zerlassen. Die Pekannüsse darin 1–2 Minuten erhitzen, bis die Butter goldbraun wird. Äpfel und Zucker zugeben und bei niedriger Temperatur unter gelegentlichem Rühren 10–15 Minuten köcheln lassen, bis die Äpfel zerfallen und die Flüssigkeit fast verdampft ist. Zum Abkühlen zur Seite stellen. Sie können die Äpfel auch am Vortag vorbereiten und über Nacht in den Kühlschrank stellen.

Etwas Mehl auf die Arbeitsfläche streuen und den Blätterteig darauf legen. In 6 gleich große Quadrate schneiden. Auf eine diagonale Hälfte jedes Quadrats 1/6 der Apfelmischung füllen, dabei einen 1 cm breiten Rand frei lassen. Diesen Rand mit etwas verquirltem Ei bestreichen. Die freie Teighälfte überklappen und die Ränder mit einer Gabel gut zusammendrücken. Die Oberseiten der Teigtaschen mit verquirltem Ei bestreichen und mit Demerara Zucker bestreuen.

Die Apfeltaschen auf die Backbleche legen, dazwischen 3–4 cm Platz lassen. 10–12 Minuten knusprig goldbraun backen. 3–4 Minuten abkühlen lassen, dann vom Blech nehmen und auf einem Kuchengitter vollständig erkalten lassen. Warm oder zimmerwarm servieren oder in einem luftdicht schließenden Behältnis bis zu 2 Tage aufbewahren.

Mandelkonfekt mit Schokolade und Salz

ERGIBT 12–15 STÜCK

200 g blanchierte Mandeln, grob gehackt
250 g Zucker
125 g Butter, und etwas mehr zum Einfetten
½ TL Meersalzflocken
150 g dunkle Schokolade von bester Qualität, in kleine Stücke gehackt

Eine Backform (30 x 20 cm) dünn einfetten und mit Backpapier auslegen. Die Mandeln darauf gleichmäßig in einer Schicht verteilen.

Zucker, Butter, Salz und 100 ml Wasser in einem Topf bei niedriger bis mittlerer Temperatur erhitzen, bis Butter und Zucker geschmolzen sind.

Die Mischung auf höherer Temperatur 5–10 Minuten kochen, bis sie einen goldbraunen Karamellton hat. Die Mischung sofort vorsichtig über die Mandeln gießen und zum Abkühlen zur Seite stellen.

Wenn der Karamell kalt ist, die Schokolade in einer hitzebeständigen Schüssel über einem schwach köchelnden Wasserbad schmelzen. Dabei darf der Schüsselboden das Wasser nicht berühren.

Die Karamellmandeln auf ein neues Stück Backpapier stürzen, sodass die glatte Seite oben liegt. Die Schokolade darauf gießen und mit einer Palette glatt verteilen. Vollständig erstarren lassen, dann in Stücke brechen. Das Konfekt kann in einem luftdicht schließenden Behältnis 2 Tage aufbewahrt werden. Zwischen die Schichten Backpapier legen, damit das Konfekt nicht zusammenklebt.

& COMPANY LTD. CADBY HALL, LONDON W.14

Holunderblütensirup mit Zitrone

ERGIBT 1,5 LITER

2 kg Zucker
25 frische Holunder-Blütendolden
5 unbehandelte Zitronen, davon 2 in Scheiben geschnitten, 3 ausgepresst

Den Zucker in einen sehr großen Kochtopf geben und mit 1,5 l kochendem Wasser übergießen. Bei niedriger Temperatur unter gelegentlichem Rühren erhitzen, bis der Zucker aufgelöst ist. Dann aufkochen, einige Minuten köcheln lassen und vom Herd nehmen.

Die Holunder-Blütendolden in einer großen Schüssel mit Wasser vorsichtig waschen. Auf einem Geschirrtuch abtropfen lassen, dann mit Zitronensaft und -scheiben in die Zuckerlösung geben. Abgedeckt an einem kühlen Platz 24 Stunden durchziehen lassen.

Den Sirup durch ein Mulltuch gießen und mit einem Trichter in sterilisierte Flaschen (siehe Seite 27) füllen. Gut verschließen. Der Sirup hält sich im Kühlschrank mindestens einen Monat.

(Abbildung nächste Doppelseite)

Rosenlimonade

ERGIBT 1 LITER

- 4½ unbehandelte Zitronen
- 75 g feiner brauner Zucker
- 750 ml kaltes Wasser
- 3 EL Rosenwasser
- 2 TL getrocknete Rosen-Blütenblätter (nach Belieben)
- einige Tropfen rosa Lebensmittelfarbe (nach Belieben)

Eine Zitrone in kleine Stücke schneiden, dabei alle Kerne entfernen. Die restlichen 3½ Zitronen auspressen.

Zitronenstücke und -saft mit dem Zucker in einem Mixer glatt pürieren. Wasser, Rosenwasser und Blütenblätter (optional) zufügen und nochmals mixen. Wenn sich noch Stückchen in der Flüssigkeit befinden, sollte sie vor dem Servieren durch ein Mulltuch gegossen werden. Die Limonade kann mit etwas Lebensmittelfarbe rosa eingefärbt werden. Im Kühlschrank hält sie sich 2 Tage. Auf Eis servieren.

(Abbildung nächste Doppelseite)

Kleine Käsekuchen im Glas

ERGIBT 6 STÜCK

120 g Butterkekse	200 ml Konditorsahne
40 g zerlassene Butter	40 g Puderzucker
200 g Frischkäse	400 g gemischte Beeren
1 TL Vanilleextrakt	

Die Kekse in einem Mixer fein zerkleinern oder in einen Gefrierbeutel geben und mit einer Backrolle zerbröseln. In eine Schüssel geben und gründlich mit der zerlassenen Butter mischen. Die Mischung in sechs Schraubgläser (350 ml) verteilen und etwas am Boden andrücken.

Den Frischkäse in einer sauberen Schüssel mit Vanilleextrakt und Sahne verrühren. 30 g Puderzucker darauf sieben, dann die Masse luftig aufschlagen.

Die Beeren mit einer Gabel leicht zerdrücken und mit dem restlichen Puderzucker mischen. Die Hälfte der Beeren unter die Frischkäsemasse heben, dann die Frischkäsemasse in die Gläser verteilen. Mit den restlichen Beeren garnieren und die Deckel fest schließen. Wenn das Dessert nicht transportiert werden soll, kann es auch in anderen hübschen Gläsern serviert werden, mit Folie oder bunten Häubchen abgedeckt. Es hält sich im Kühlschrank einen Tag.

Marmeladentörtchen

ERGIBT 24 STÜCK

225 g Mehl, und etwas mehr für die Arbeitsfläche
100 g Butter
2 EL Feinster Zucker
1 Eigelb (Größe M)
12 TL gute Aprikosenmarmelade
12 TL gute Himbeermarmelade

Den Backofen auf 190 °C vorheizen. Zwei 12 er-Tortelett-Bleche bereitstellen (oder die Törtchen in 2 Portionen backen).

Mehl und Butter in einer Rührschüssel mit den Fingern zu einer feinkrümeligen Mischung verarbeiten, alternativ einen Mixer verwenden.

Zucker, Eigelb und 1–2 EL kaltes Wasser zugeben und alles zügig zu einem geschmeidigen Teig verarbeiten. In Frischhaltefolie wickeln und 30 Minuten in den Kühlschrank stellen.

Etwas Mehl auf die Arbeitsfläche streuen und den Teig 2–3 mm dick ausrollen. Mit einer runden Ausstechform, deren Durchmesser etwas größer ist als die Tortelett-Vertiefungen, Kreise ausstechen. Die Vertiefungen der Tortelett-Bleche damit auslegen. Teigreste rasch zusammenkneten, erneut ausrollen und weitere Kreise ausstechen, bis der Teig verbraucht ist.

Auf jedes Tortelett einen Esslöffel Marmelade geben. 10–12 Minuten backen, bis der Teig hell goldbraun und knusprig ist. In der Form 10 Minuten abkühlen lassen, dann auf einem Kuchengitter vollständig erkalten lassen. Die Torteletts halten sich in einem luftdicht schließenden Behältnis mindestens 3–4 Tage.

Schulfeste und Kuchenverkauf

SCHULFESTE UND KUCHENVERKAUF

Wenn ein Schulfest oder ein Basar mit Kuchenverkauf ansteht, lassen sich auch Kinder gern überreden, in der Küche mit anzupacken. Darum haben wir in diesem Kapitel Rezepte zusammengestellt, die auch für kleine Helfer einfach genug sind. Sie können Teig rühren, bei der Auswahl von Lieblingszutaten mitreden oder dekorieren – um anschließend ihre Produkte stolz in der Schule anzubieten.

Natürlich haben wir auch an die Erwachsenen gedacht, die beim Kuchenverkauf das Portemonnaie zücken. Da gibt es duftende Plätzchen mit Lavendel und Orange, Blaubeerkuchen vom Blech und wunderbar üppige Karamellschnitten. Alle lassen sich gut verpacken, portionieren und transportieren. Denken Sie daran, zum Kuchenverkauf auch hübsche Teller oder Platten mitzunehmen, um Ihr Angebot appetitlich zu präsentieren.

Karamellschnitten

ERGIBT 18 STÜCK

Für den Teig

185 g kalte Butter, in kleine Würfel geschnitten, und etwas mehr zum Einfetten

50 g Zucker

250 g Mehl

Für die Karamellschicht

150 g Butter

150 g brauner Zucker

400 ml Kondensmilch

85 g heller Sirup

1 Prise Salz

Für die Schokoladenglasur

150 dunkle Schokolade, in kleine Stücke gehackt

150 g Vollmilchschokolade, in kleine Stücke gehackt

50 g weiße Schokolade, in kleine Stücke gehackt

Den Backofen auf 180 °C vorheizen. Eine mindestens 3 cm hohe Backform (27 x 18 cm) einfetten und mit Backpapier auslegen.

Butter und Zucker hell und schaumig aufschlagen. Das Mehl unterrühren. Dabei entsteht ein relativ fester Teig. Den Teig gleichmäßig in der Form verteilen und am Boden andrücken. Mehrmals mit einer Gabel einstechen, dann 15–20 Minuten goldbraun backen. Aus dem Ofen nehmen und in der Form zum Abkühlen zur Seite stellen.

Für die Karamellschicht Butter, Zucker, Kondensmilch und Sirup in einem Topf mit schwerem Boden bei niedriger Temperatur unter ständigem Rühren erhitzen, bis der Zucker aufgelöst ist. Dann auf höherer Temperatur unter ständigem Rühren köcheln lassen, bis die Mischung eindickt und einen hellen Karamellton annimmt. Das dauert etwa 5 Minuten. Das Salz unterrühren und die Karamellmasse sofort auf den abgekühlten Teig gießen. Die Form eine Stunde auf ein Kuchengitter stellen, bis die Karamellmasse fest ist.

Für die Glasur dunkle Schokolade und Vollmilchschokolade zusammen in einer hitzebeständigen Schüssel über einem schwach kochenden Wasserbad schmelzen. Dabei darf der Schüsselboden das Wasser nicht berühren. Die flüssige Schokolade auf die Karamellschicht gießen, mit einer Palette glatt streichen und erstarren lassen.

Die weiße Schokolade ebenso über einem heißen Wasserbad schmelzen, über die dunkle Schokolade träufeln und 10–15 Minuten erstarren lassen.

Den Kuchen in kleine Stücke schneiden. Er hält sich in einem luftdicht schließenden Behälter bis zu einer Woche.

Tipp

Wenn Sie den Kuchen verkaufen möchten, nehmen Sie ihn im Ganzen mit und schneiden ihn erst vor Ort auf, damit die Stücke beim Transport nicht zerbröseln.

Feigenriegel

ERGIBT 16 STÜCK

140 g Butter, und etwas mehr zum Einfetten
100 g brauner Zucker
4 EL heller Sirup
250 g grobe Haferflocken
150 g getrocknete Feigen, grob gehackt
50 g Kürbiskerne

Den Backofen auf 180 °C vorheizen. Eine Backform (26 x 20 cm) dünn einfetten und mit Backpapier auslegen.

Butter, Zucker und Sirup in einem mittelgroßen Topf bei mittlerer Temperatur unter häufigem Rühren schmelzen. Wenn der Zucker vollständig aufgelöst ist, Haferflocken, Feigen und Kürbiskerne zugeben und gut verrühren.

Die Mischung in die vorbereitete Form füllen und gleichmäßig verteilen. 20–25 Minuten backen, bis die Oberfläche goldbraun und etwas knusprig ist. In der Form abkühlen lassen. Wenn der Teig vollständig erkaltet ist, mit einem scharfen Messer in 16 Stücke gleicher Größe schneiden. Die Riegel halten sich in einem luftdicht schließenden Behälter bis zu einer Woche.

Marshmallow-Karamell-Happen

ERGIBT 24 STÜCK

200 g weiche Karamellbonbons
125 g Butter
200 g Marshmallows
175 g Frühstückscerealien aus gepufftem Reis

Eine Backform (30 x 20 cm) einfetten und mit Backpapier auslegen.

Karamellbonbons, Butter und Marshmallows in einem hohen Topf bei niedriger Temperatur unter ständigem Rühren erhitzen, bis alles geschmolzen ist. Die Reis-Cerealien zugeben und rühren, bis sie ganz von der cremigen Masse umhüllt sind.

Die Mischung rasch in die vorbereitete Form füllen und mit der Rückseite eines Löffels gleichmäßig verteilen. 1 Stunde zum Abkühlen und Erstarren zur Seite stellen, dann in 24 Stücke schneiden. Die Happen halten sich in einem luftdicht schließenden Behältnis bis zu einer Woche.

Triple-Choc-Brownies mit Pistazien

ERGIBT 16 STÜCK

180 g Butter, und etwas mehr zum Einfetten
150 g Zartbitterschokolade, in kleine Stücke gehackt
100 g Vollmilchschokolade, in kleine Stücke gehackt
3 Eier (Größe L), verquirlt
200 g brauner Zucker
100 g Feinster Zucker
90 g Mehl
40 g Kakaopulver
50 g weiße Schokolade, in kleine Stücke gehackt
50 g Pistazienkerne, grob gehackt

Den Backofen auf 180 °C vorheizen. Eine Backform (20 x 20 cm) dünn einfetten und mit Backpapier auslegen.

Butter, Zartbitterschokolade und 50 g Vollmilchschokolade in einer mittelgroßen, hitzebeständigen Schüssel über einem schwach köchelnden Wasserbad schmelzen. Dabei darf der Schüsselboden das Wasser nicht berühren. Wenn Schokolade und Butter flüssig sind, den Topf vom Herd nehmen und etwas abkühlen lassen.

Inzwischen Eier und beide Zuckersorten etwa 5 Minuten cremig aufschlagen. Die flüssige Schokolade zugeben und sehr vorsichtig unterheben. Mehl und Kakaopulver darauf sieben und ebenfalls kurz unterheben. Zuletzt die restliche Vollmilchschokolade, die weiße Schokolade und die Pistazien unterheben.

Den Teig in die vorbereitete Form füllen und mit der Rückseite eines Löffels glatt streichen. 20–25 Minuten backen, bis der Teig gerade fest ist und eine knusprige Kruste hat. Die Form auf ein Kuchengitter stellen und ganz erkalten lassen. Die Brownies schmecken warm am besten, können aber in einem luftdicht schließenden Behältnis auch bis zu 3 Tagen aufbewahrt werden. In diesem Fall sollten sie erst kurz vor dem Servieren in Stücke geschnitten werden, damit sie ihr Aroma bewahren.

Kokosmakronen mit Schokoglasur

ERGIBT 25–30 STÜCK

2 Eiweiß (Größe M)
100 g Zucker
200 g Kokosraspel
1 Prise Salz
1 TL Vanilleextrakt
80 g dunkle Schokolade

Eiweiß in einer mittelgroßen Schüssel zu Eischnee schlagen. Bei laufendem Motor den Zucker esslöffelweise zugeben und unterschlagen. Kokosraspel, Salz und Vanille unterrühren. Die Mischung 20 Minuten zur Seite stellen.

Den Backofen auf 160 °C vorheizen. Zwei Backbleche mit Backpapier auslegen.

Mit feuchten Händen aus dem Teig walnussgroße Kugeln formen und auf die Backbleche setzen. 12–15 Minuten backen, bis die Oberfläche hell goldbraun ist. Aus dem Ofen nehmen und vollständig abkühlen lassen.

Ein Backblech mit einem neuen Bogen Backpapier auslegen. Die Schokolade in einer hitzebeständigen Schüssel über einem Topf mit schwach kochendem Wasser schmelzen. Dabei darf der Schüsselboden das Wasser nicht berühren. Vom Herd nehmen, sobald die Schokolade geschmolzen ist.

Jede Makrone zur Hälfte in die Schokolade tauchen, dann auf das ausgelegte Backblech legen und die Schokolade erstarren lassen. Falls Schokolade übrig bleibt, können die Makronen damit beträufelt werden. Die Makronen halten sich in einem luftdicht schließenden Behälter bis zu 4 Tage.

Blechkuchen mit Zitrone und Blaubeeren

ERGIBT 12 STÜCKE

200 g Butter, und etwas mehr zum Einfetten
200 g Feinster Zucker
4 Eier (Größe M), leicht verquirlt
200 g Mehl
3 TL Backpulver
abgeriebene Schale und Saft von 1 Zitrone (Bio)
250 g Blaubeeren

Für die Glasur
100 g Puderzucker
abgeriebene Schale von 1 Zitrone und Saft von ½ Zitrone (Bio)

Den Backofen auf 180 °C vorheizen. Eine Backform (26 x 20 cm) dünn einfetten und mit Backpapier auslegen.

In einer großen Rührschüssel Butter und Zucker hell und schaumig aufschlagen. Die Eier in kleinen Portionen zugeben und jeweils gut unterrühren.

Mehl und Backpulver auf die Mischung sieben und zügig unterheben. Zitronenschale und -saft sowie 200 g Blaubeeren unterrühren. Den Teig in die vorbereitete Form füllen und die Oberfläche mit der Rückseite eines Löffels glatt streichen. 20–25 Minuten backen, bis die Oberfläche hell goldbraun ist und an einem in der Mitte eingestochenen Stäbchen kein Teig haftet. Den Kuchen zum Abkühlen zur Seite stellen. Währenddessen die Glasur zubereiten.

Den Puderzucker in einer Schüssel mit einigen Teelöffeln Zitronensaft verrühren. Die Mischung soll relativ flüssig sein. Die Zitronenschale unterrühren, dann die Glasur auf den Kuchen träufeln. Die restlichen Blaubeeren darauf streuen und den Kuchen in Stücke schneiden. Der Kuchen kann in einem luftdicht schließenden Behältnis bis zu 2 Tage aufbewahrt werden. In diesem Fall darf er erst kurz vor dem Servieren mit Blaubeeren bestreut werden.

1.50

Erdnussbutter-Cookies mit Chocolate Chips

ERGIBT 20–24 STÜCK

125 g Butter, zimmerwarm
125 g Erdnussbutter mit Stückchen
200 g brauner Zucker
80 g Feinster Zucker
2 Eier (Größe M), leicht verquirlt
2 EL heller Sirup
1 TL Vanilleextrakt
2 EL Milch

325 g Mehl
1 TL Speisenatron
100 g Zartbitterschokolade, grob gehackt
100 g Vollmilchschokolade, grob gehackt
30 g geröstete, gesalzene Erdnüsse, grob gehackt

Den Backofen auf 180 °C vorheizen. 2 Backbleche mit Backpapier auslegen.

Butter, Erdnussbutter und beide Zuckersorten hell und schaumig aufschlagen. Die Eier in kleinen Portionen zugeben und jeweils gut unterrühren.

Sirup, Vanille und Milch unterrühren, dann Mehl und Natron auf die Mischung sieben und unterheben. Dabei entsteht ein recht fester Teig. Schokolade und Erdnüsse unterrühren, bis sie gleichmäßig verteilt sind.

Mit einem Eiskugelformer oder einem Esslöffel Teigkleckse auf die Backbleche setzen, dazwischen mindestens 7 cm Abstand lassen, weil die Plätzchen beim Backen zerlaufen. 10–12 Minuten goldbraun backen, dann aus dem Ofen nehmen.

Die Cookies 5–10 Minuten auf den Blechen abkühlen lassen, dann auf einem Kuchengitter vollständig erkalten lassen. Die Cookies halten sich in einem luftdicht schließenden Behälter bis zu 3 Tage. Man kann sie auch einfrieren und im vorgeheizten Backofen bei 110 °C etwa 10 Minuten aufwärmen.

Zitronenplätzchen

ERGIBT CA. 30 STÜCK

200 g Butter
200 g hellbrauner Zucker
1 Ei (Größe M), verquirlt
220 g Mehl
50 g gemahlene Mandeln
½ TL Backpulver
abgeriebene Schale von 1 Zitrone (Bio)
325 g Lemon Curd aus dem Glas

Den Backofen auf 180 °C vorheizen. 2 große Backbleche mit Backpapier auslegen.

Butter und Zucker hell und schaumig aufschlagen, dann das Ei unterrühren.

Mehl, gemahlene Mandeln, Backpulver und Zitronenschale zugeben und alles zu einem relativ festen Teig verarbeiten. Aus dem Teig etwa 30 Kugeln mit 2–3 cm Durchmesser formen und auf die Backbleche setzen, dabei Abstände von mindestens 5 cm lassen. In die Mitte jeder Kugel mit dem Daumen eine tiefe Mulde drücken und etwa 1/2 Teelöffel Lemon Curd hineinfüllen.

Die Plätzchen im vorgeheizten Ofen 10–12 Minuten backen, bis sie hell goldbraun sind und das Lemon Curd brodelt. Auf einem Kuchengitter abkühlen lassen. Die Plätzchen halten sich in einem luftdicht schließenden Behältnis bis zu 3 Tage.

(Abbildung nächste Doppelseite)

Orangenplätzchen mit Lavendel

ERGIBT CA. 32 STÜCK

300 g Mehl, und etwas mehr für die Arbeitsfläche
180 g Butter, zimmerwarm, gewürfelt
110 g Feinster Zucker
abgeriebene Schale von 2 Orangen (Bio)
1½ TL getrocknete Lavendelblüten
2 Eigelb (Größe M)

Mehl und Butter im Mixer zu einer fein-krümeligen Mischung verarbeiten.

Die restlichen Zutaten zugeben und alles zu einem geschmeidigen Teig verarbeiten. Aus dem Mixer nehmen, etwas flach drücken, in Frischhaltefolie wickeln und 30 Minuten in den Kühlschrank stellen.

Den Backofen auf 180 °C vorheizen. 2 Backbleche mit Backpapier auslegen und zur Seite stellen.

Arbeitsfläche und Backrolle mit Mehl bestreuen. Den Teig 1 cm dick ausrollen und mit einer runden Ausstechform (7 cm) Kreise ausstechen. Die Teigreste zusammenkneten, erneut ausrollen und weitere Kreise ausstechen, bis der gesamte Teig verbraucht ist.

Die Plätzchen auf die vorbereiteten Backbleche legen und 12–15 Minuten backen, bis sie goldgelb und knusprig sind. Auf einem Kuchengitter abkühlen lassen. Die Plätzchen können in einem luftdicht schließenden Behältnis etwa eine Woche aufbewahrt werden.

(Abbildung nächste Doppelseite)

Bunte Knusperringe

ERGIBT CA. 36 STÜCK

150 g weiche Butter
250 g Mehl, und etwas mehr für die Arbeitsfläche
50 g Speisestärke
125 g Feinster Zucker
1 Ei (Größe L)
1 TL Vanilleextrakt
400 g Puderzucker
Lebensmittelfarben (Paste) nach Wahl

Butter, Mehl und Maisstärke im Mixer zu einer fein-krümeligen Mischung verarbeiten. Zucker, Ei und Vanille zugeben und nochmals mixen, bis ein geschmeidiger Teig entsteht. Auf der bemehlten Arbeitsfläche zu einer abgeflachten Kugel formen (nicht kneten!). In Frischhaltefolie 30 Minuten in den Kühlschrank stellen.

Den Backofen auf 180 °C vorheizen. 2 Backbleche mit Backpapier auslegen.

Etwas Mehl auf die Arbeitsfläche streuen und den Teig darauf 2–3 mm dick ausrollen. Mit einer runden Ausstechform mit Wellenrand (6 cm Durchmesser) Kreise ausstechen. Mit einer kleinen Ausstechform (2 cm) aus der Mitte jedes Kreises ein Loch ausstechen. Die Teigreste kurz zusammenkneten, erneut ausrollen und weitere Ringe ausstechen. Auf die Backbleche legen und 10–12 Minuten hell goldbraun backen. 5 Minuten auf den Blechen abkühlen lassen, dann auf einem Kuchengitter vollständig erkalten lassen.

Für die Glasur den Puderzucker in eine große Schüssel sieben und mit einigen Teelöffeln abgekochtem Wasser zu einer Paste verrühren. So viel Wasser zugeben, dass die Glasur streichfähig wird. Die Glasur in mehrere Schälchen verteilen und mit Lebensmittelfarbe einfärben. Mit einer Palette auf die Plätzchen streichen. Dann jedes Plätzchen mit den Fingerspitzen festhalten und mit einem Teelöffel 3–4 Linien Glasur in einer anderen Farbe auf seine Oberfläche träufeln. Das Plätzchen um 90 Grad drehen und mit einem Zahnstocher zarte Linien durch die Glasur ziehen. Auf ein sauberes Backblech legen, bis die Glasur erstarrt ist. Die Plätzchen halten sich in einem luftdicht schließenden Behälter bis zu 3 Wochen.

Pfirsich-Melba-Streuselkuchen

ERGIBT 16 STÜCKE

Für die Streusel
100 g Mehl
75 g Butter, zimmerwarm, gewürfelt
40 g Rohrohrzucker
25 g Mandelblättchen

Für den Kuchen
200 g Butter, zimmerwarm, und etwas mehr zum Einfetten
200 g Feinster Zucker
4 Eier (Größe M), verquirlt
175 g Mehl
3 TL Backpulver
50 g gemahlene Mandeln
1 TL Vanilleextrakt
2 reife Pfirsiche, halbiert, entsteint und in 5 mm dicke Scheiben geschnitten
150 g Himbeeren

Den Backofen auf 180 °C vorheizen. Eine Backform (20 x 20 cm) einfetten und mit Backpapier auslegen.

Für die Streusel Mehl und Butter in einer Schüssel mit den Fingern zu einer fein-krümeligen Mischung verarbeiten. Es dürfen keine Butterklümpchen mehr zu sehen sein. Zucker und Mandeln unterrühren. Bis zur Verwendung in den Kühlschrank stellen.

Für den Kuchen Butter und Zucker hell und schaumig aufschlagen. Die Eier portionsweise zugeben und jeweils gut unterrühren. Mehl und Backpulver auf die Mischung sieben. Die Mandeln darauf streuen, dabei Klümpchen zwischen den Fingern zerdrücken. Die trockenen Zutaten unterheben, dann den Vanilleextrakt unterrühren. Den Teig in die vorbereitete Form füllen und glatt streichen. Mit den Pfirsichscheiben und den Himbeeren belegen, dann die Streusel auf die Früchte streuen. 50–60 Minuten backen, bis der Kuchen aufgegangen ist und an einem in der Mitte eingestochenen Stäbchen kein Teig haftet. Nach 35 Minuten nachschauen: wenn die Oberfläche zu dunkel wird, den Kuchen locker mit Alufolie abdecken. In der Form abkühlen lassen, dann in Stücke schneiden. In einem luftdicht schließenden Behälter hält sich der Kuchen etwa 2 Tage.

Schoko-Malz-Plätzchen

ERGIBT 16 STÜCK

160 g Butter
125 g brauner Zucker
50 g Feinster Zucker
2 Eier (Größe M), verquirlt
200 g Mehl
175 g Ovomaltine
4 TL Speisenatron
1 Prise Salz
150 g Schokokugeln mit Malzfüllung, grob zerhackt (z.B. Maltesers)
50 g Vollmilchschokolade, grob gehackt

Den Backofen auf 180 °C vorheizen. 2 große Backbleche mit Backpapier auslegen.

Butter und beide Zuckersorten hell und schaumig aufschlagen. Die Eier in kleinen Mengen zugeben und jeweils gut unterrühren.

Mehl, Ovomaltine, Natron und Salz unterrühren. Dabei entsteht ein fester, etwas klebriger Teig. Die zerhackten Schokokugeln unterrühren. Die Stücke sollen gleichmäßig verteilt sein.

Mit einem Eiskugelportionierer oder einem Esslöffel Teighäufchen auf die Bleche setzen, dabei mindestens 8 cm Abstand halten. 10–12 Minuten goldbraun backen. Mindestens 5 Minuten auf den Backblechen abkühlen lassen, dann auf einem Kuchengitter vollständig erkalten lassen. Die Plätzchen halten sich in einem luftdicht schließenden Behältnis bis zu 3 Tage.

Cranberry-Pistazien-Würfel

ERGIBT 16 STÜCK

- 300 g Vollmilchschokolade, in kleine Stücke gehackt
- 100 g Zartbitterschokolade, in kleine Stücke gehackt
- 4 EL heller Sirup
- 100 g Butter
- 200 g Butterkekse, zerbröselt
- 100 g Pistazienkerne
- 100 g getrocknete Cranberrys
- 50 g weiße Schokolade

Eine Backform (20 x 20 cm) mit Backpapier auslegen.

Zartbitter- und Vollmilchschokolade, Sirup und Butter in einer hitzebeständigen Schüssel über einem Topf mit schwach köchelndem Wasser schmelzen. Dabei darf der Schüsselboden das Wasser nicht berühren. Wenn die Mischung geschmolzen ist, vom Herd nehmen und etwas abkühlen lassen.

Die hitzebeständige Schüssel auswaschen und abtrocknen, wieder über das Wasserbad hängen und die weiße Schokolade schmelzen.

Inzwischen Keksbrösel, Pistazien und Cranberrys unter die abgekühlte dunkle Schokoladenmischung rühren und in die vorbereitete Form füllen und glatt streichen. Mit der weißen Schokolade beträufeln. Mindestens 2 Stunden zum Festwerden in den Kühlschrank stellen, dann in kleine Quadrate schneiden. Abgedeckt können die Würfel etwa 3–4 Tage im Kühlschrank aufbewahrt werden.

Festtagstorten

Festtagstorten

Eine gekaufte Torte sieht toll aus, aber ein selbst gebackener Geburtstagskuchen ist doch etwas ganz Besonderes. Er schmeckt nicht nur unvergleichlich gut, sondern drückt auch durch die Mühe, die darin steckt, Wertschätzung für den festlichen Anlass aus.

Dabei ist es gar nicht so schwierig, herrliche Festtagskuchen zu backen. In diesem Kapitel finden Sie eine Auswahl von Rezepten, die Ihnen auch ohne Fachkenntnisse des Konditorhandwerks problemlos gelingen werden. Entdecken Sie verführerische Ideen für alle Gelegenheiten – von üppiger Schokoladentorte mit Earl-Grey-Creme über Schoko-Orangen-Marmorkuchen bis zu sommerlich leichter Torte mit frischen Beeren und einer würzigen Feigentorte für den Winter.
Die Zubereitung wird so genau erklärt, dass nichts schief gehen kann. Ihre Gäste werden aus dem Staunen nicht herauskommen.

Schokoladentorte, aromatisiert mit Earl Grey und Lavendel

ERGIBT 12 STÜCKE

175 g dunkle Schokolade (70% Kakaoanteil), grob gehackt
200 g Butter, und etwas mehr zum Einfetten
170 g Mehl
1 ½ TL Backpulver
¼ TL Speisenatron
30 g Kakaopulver
200 g Feinster Zucker
175 g hellbrauner Zucker
3 Eier (Größe M), leicht verquirlt
75 ml Buttermilch

Für die Earl Grey-Creme
200 g dunkle Schokolade (70% Kakaoanteil), grob gehackt
300 ml Konditorsahne
4 TL Earl Grey (lose Teeblätter)
1 TL getrocknete Lavendelblüten
2 EL Zucker

Den Backofen auf 160 °C vorheizen. Eine Springform (18 cm) einfetten und mit Backpapier auslegen.

Schokolade und Butter mit 100 ml kaltem Wasser in einem kleinen Topf, unter gelegentlichem Rühren, bei niedriger Temperatur erhitzen, bis die Schokolade gerade geschmolzen ist. Vom Herd nehmen und etwas abkühlen lassen. Inzwischen Mehl, Backpulver, Natron, Kakaopulver und beide Zuckersorten in eine große Schüssel geben. Eier und Buttermilch in einem hohen Becher verquirlen.

Die Schokoladenmischung zu den trockenen Zutaten gießen, dann Eier und Buttermilch zufügen und alles zügig zu einem glatten Teig verarbeiten. In die Form gießen und 1 ¼–1 ½ Stunden backen, bis an einem in der Mitte eingestochenen Stäbchen keine Teigreste mehr haften. Den Kuchen 1 Stunde in der Form abkühlen lassen, dann auf ein Kuchengitter stürzen und vollständig erkalten lassen.

Wenn der Kuchen kalt ist, die Creme zubereiten. Die Schokolade in eine große Rührschüssel geben. Die Sahne in einem kleinen Topf mit Teeblättern und Lavendelblüten verrühren und bei niedriger Temperatur unter gelegentlichem Rühren 5 Minuten erhitzen. Vom Herd nehmen und 15 Minuten durchziehen lassen.

Die aromatisierte Sahne bei niedriger Temperatur erhitzen, bis sie köchelt. Den Zucker zugeben und unter ständigem Rühren auflösen. Die heiße Sahne durch ein feines Sieb auf die Schokolade gießen und mit kleinen, kreisförmigen Bewegungen rühren, bis die Schokolade geschmolzen ist. Dabei soll eine glatte, glänzende Creme entstehen.

Den Teig quer in zwei oder drei gleichmäßige Böden durchschneiden. Mit einer dünnen Schicht Creme bestreichen und wieder zusammensetzen. Die Hälfte der restlichen Creme auf die Torte geben und mit einem Palettmesser auf der Oberfläche verteilen. Die restliche Creme möglichst glatt auf der senkrechten Außenfläche der Torte verstreichen. Die Creme vor dem Servieren mindestens 10 Minuten fest werden lassen. In einem luftdicht schließenden Behältnis bleibt die Torte etwa 3 Tage saftig.

Sommerliche Früchtetorte

ERGIBT 12 STÜCKE

300 g Butter
300 g Zucker
4 Eier (Größe M), leicht verquirlt
200 g Mehl
3 TL Backpulver
100 g gemahlene Mandeln
1½ TL Vanilleextrakt
400 ml Konditorsahne
16 Mini-Baiserschalen (fertig gekauft)
400 g gemischte, frische Beeren

Den Backofen auf 180 °C vorheizen. 3 runde Backformen (20 cm Durchmesser) einfetten und mit Backpapier auslegen.

Butter und Zucker hell und schaumig aufschlagen. Die Eier in kleinen Portionen zugeben und jeweils gut unterrühren. Mehl, gemahlene Mandeln und Backpulver darauf sieben und rasch unterheben. 1 Teelöffel Vanilleextrakt unterrühren. Den Teig gleichmäßig in die 3 Formen verteilen und glatt streichen.

30–35 Minuten backen, bis der Teig aufgegangen ist und an einem in der Mitte eingestochenen Stäbchen kein Teig haftet. 10 Minuten in den Formen abkühlen lassen, dann auf ein Kuchengitter stürzen und ganz erkalten lassen.

Die Sahne mit dem restlichen Vanilleextrakt halbsteif schlagen.
10 Baiserschalen grob zerbröseln und unter die Sahne heben.

Einen Teigboden auf eine Servierplatte legen und mit ⅓ der Sahne bestreichen. ⅓ der Beeren darauf verteilen. Den nächsten Boden auflegen, wieder mit einem Drittel der Sahne und der Beeren belegen. Mit dem dritten Boden wiederholen. Zum Servieren mit den restlichen Baisers garnieren.

Zitronenkuchen mit Rosmarin

ERGIBT 8 STÜCKE

- 275 g Butter, und etwas mehr zum Einfetten
- 325 g hellbrauner Zucker
- 4 Eier (Größe M), leicht verquirlt
- 175 g gemahlene Mandeln
- 75 g glutenfreies Mehl
- 1½ TL glutenfreies Backpulver
- abgeriebene Schale und Saft von 2 Zitronen (Bio)
- 5 Stängel Rosmarin, und etwas zum Garnieren
- 100 g Puderzucker

Den Backofen auf 180 °C vorheizen. Eine hohe Backform (18 cm Durchmesser) fetten und mit Backpapier auslegen.

Die Butter und 275 g Zucker hell und schaumig aufschlagen. Die Eier in kleinen Portionen zugeben und jeweils gut unterrühren. Die gemahlenen Mandeln darauf streuen, dabei Klümpchen mit den Fingern zerdrücken. Mehl und Backpulver darüber sieben, die Zitronenschale zugeben und alles zügig unterheben. 45–50 Minuten backen, bis der Kuchen aufgegangen ist und an einem in der Mitte eingestochenen Stäbchen kein Teig haftet.

Während der Kuchen im Ofen ist, den Sirup zubereiten. Den restlichen Zucker mit dem Saft einer Zitrone in einen kleinen Topf geben. Rosmarin zufügen und alles bei niedriger Temperatur erhitzen. Rühren, bis der Zucker aufgelöst ist. Die Temperatur ganz runter schalten und die Mischung 3–4 Minuten köcheln lassen, bis sie sirupartig eindickt. Zur Seite stellen und etwas abkühlen lassen.

Den Kuchen aus dem Ofen nehmen und sofort mit einem Zahnstocher viele kleine Löcher in die Oberfläche stechen. Den Sirup durch ein feines Sieb gießen, dann gleichmäßig auf den Kuchen träufeln. Den Kuchen 10 Minuten in der Form abkühlen lassen, dann auf ein Kuchengitter stürzen und vollständig erkalten lassen.

Für die Glasur den Puderzucker in eine Rührschüssel sieben. Mit dem restlichen Zitronensaft verrühren, bis eine relativ flüssige Mischung entsteht. Falls nötig, mit etwas Wasser verdünnen. Den Kuchen mit der Glasur überziehen und mit einigen Rosmarinstielen garnieren.

Erdbeer-Kokos-Torte

ERGIBT 12 STÜCKE

225 g Butter
225 g Feinster Zucker
4 Eier (Größe M), leicht verquirlt
225 g Mehl
2½ Backpulver
1 TL Vanilleextrakt
100 g Kokosraspel, plus 2 EL zum Garnieren

Für die Buttercreme
40 g gefriergetrocknete Erdbeeren
300 g Butter, zimmerwarm
600 g Puderzucker
200 g frische Erdbeeren, in dünne Scheiben geschnitten

Den Backofen auf 180 °C vorheizen. 2 runde Backformen (20 cm Durchmesser) einfetten und mit Backpapier auslegen.

Butter und Zucker hell und schaumig aufschlagen. Die verquirlten Eier in kleinen Portionen zugeben und jeweils gut unterrühren. Mehl und Backpulver darauf sieben und vorsichtig unterheben. Vanille und Kokosraspel zufügen und rasch unterrühren. Den Teig in die vorbereiteten Formen füllen und mit einem Teigschaber glatt streichen. 25–30 Minuten backen, bis die Oberfläche goldbraun ist und an einem in der Mitte eingestochenen Stäbchen kein Teig haftet.

Die Kuchen auf einem Kuchengitter ganz erkalten lassen, dann jeden mit einem Brotmesser quer halbieren. Zur Seite stellen.

Für die Buttercreme die gefriergetrockneten Erdbeeren im Mixer (oder im Mörser) pulverisieren. Die Butter in einer großen Schüssel cremig rühren. ⅓ des Puderzuckers zufügen und kurz unterrühren. Die Mischung sieht nun bröselig aus. Ein weiteres Drittel Puderzucker einrühren. Dann das letzte Drittel Puderzucker mit den pulverisierten Erdbeeren zufügen und die Creme mit einem Handmixer locker aufschlagen.

Auf jeden Teigboden 5–6 Esslöffel Creme geben und mit einer Palette glatt verstreichen. Jeweils einem Drittel der Erdbeerscheiben gleichmäßig auf den Böden verteilen. Die Böden aufeinander setzen und mit dem vierten (nicht mit Creme und Erdbeeren garnierten) Boden bedecken.

Oberfläche und Seiten der Torte möglichst gleichmäßig mit der restlichen Buttercreme bestreichen. Mit Kokosraspeln garnieren.

Birnentorte mit Salzkaramell

ERGIBT 12 STÜCKE

200 g Butter, und etwas mehr zum Einfetten
125 g Zucker
75 g brauner Zucker
4 Eier (Größe M), leicht verquirlt
200 g Mehl
3 TL Backpulver
1 TL Vanilleextrakt

Für die Birnen
500 g hellbrauner Zucker
dünn abgeschnittene Schale von 1 Zitrone
4 Gewürznelken
1 Zimtstange
1 Liter kochendes Wasser
4 reife Birnen

Für die Creme
200 g Butter, zimmerwarm
400 g hellbrauner Zucker
125 ml Vollmilch
1 TL Meersalz (nach Geschmack auch mehr)
4 EL Konditorsahne
350 g Puderzucker
50 g Frischkäse

Zuerst die Birnen pochieren. Zucker, Zitronenschale, Gewürznelken und Zimt mit dem kochenden Wasser in einen großen Topf geben. Bei niedriger Temperatur unter gelegentlichem Rühren erhitzen, bis der Zucker aufgelöst ist. Die Birnen schälen und in den heißen Sud legen. Abgedeckt 30 Minuten schwach köcheln lassen, bis die Birnen weich sind, aber noch nicht zerfallen. Vorsichtig aus dem Sud nehmen und zum Abkühlen zur Seite stellen. Sie können die Birnen auch am Vortag pochieren und im Sirup abkühlen lassen.

Den Backofen auf 180 °C vorheizen. 2 runde Backformen (20 cm Durchmesser) einfetten und mit Backpapier auslegen. Für den Teig Butter und beide Zuckersorten hell und schaumig aufschlagen. Die Eier in kleinen Portionen zugeben und jeweils gut unterrühren. Mehl und Backpulver darauf sieben und vorsichtig unterheben. Den Vanilleextrakt behutsam unterrühren. Den Teig in die Formen füllen und die Oberfläche mit einem

Teigschaber glatt streichen. 25–30 Minuten backen, bis die Teigböden goldbraun sind und an einem in der Mitte eingestochenen Stäbchen kein Teig haftet. 10 Minuten in den Formen abkühlen lassen, dann auf ein Kuchengitter stürzen und vollständig erkalten lassen.

Für die Creme Butter und braunen Zucker in einem Topf bei niedriger Temperatur unter ständigem Rühren erhitzen, bis der Zucker aufgelöst ist. Dann auf höherer Temperatur 2 Minuten brodelnd kochen lassen. Vorsichtig die Milch zugießen und unterrühren. Das Salz einrühren. Vom Herd nehmen und auf Zimmertemperatur abkühlen lassen.

125 ml der abgekühlten Creme in eine Schüssel gießen und die Sahne zufügen. Abschmecken und nach Belieben etwas nachsalzen. Zur Seite stellen.

Die restliche, ganz abgekühlte Karamellmischung in einer großen Rührschüssel 2 Minuten aufschlagen, damit sie etwas eindickt. Die Hälfte des Puderzuckers darauf sieben und unterschlagen. Den restlichen Puderzucker zugeben und die Masse hell und schaumig aufschlagen. Den Frischkäse rasch mit einem Kochlöffel unterrühren (nicht unterschlagen, sonst wird die Creme flüssig). Zur Seite stellen.

2 Birnen zum Garnieren zur Seite legen. Die restlichen Birnen längs halbieren und das Kerngehäuse mit einem Löffel entfernen. Die Birnen längs in Scheiben schneiden. Einen Teigboden auf eine Servierplatte legen. Die Hälfte der Creme auf dem Boden verteilen. Birnenscheiben darauf verteilen und den zweiten Teigboden auflegen. Die restliche Creme darauf verteilen, dann mit den ganzen Birnen garnieren. Die Torte mit der Karamellsauce übergießen und sofort servieren.

Weiße Schokoladentorte mit Himbeeren

ERGIBT 12 STÜCKE

200 g Butter, und etwas mehr zum Einfetten
175 g Feinster Zucker
25 g hellbrauner Zucker
4 Eier (Größe M), verquirlt
180 g Mehl
20 g Kakaopulver
3 TL Backpulver
2–3 EL Milch

Für die Buttercreme
30 g gefriergetrocknete Himbeeren
200 g weiße Schokolade
250 g weiche Butter
250 g Puderzucker
300 g frische Himbeeren

Den Backofen auf 180 °C vorheizen. 2 runde Backformen (20 cm Durchmesser) einfetten und mit Backpapier auslegen.

Butter und beide Zuckersorten hell und schaumig aufschlagen. Die Eier in kleinen Portionen zugeben und jeweils gut unterrühren. Mehl, Kakaopulver und Backpulver darauf sieben und vorsichtig unterheben. Die Milch unterrühren. Den Teig gleichmäßig in die Formen verteilen und mit einem Teigschaber glatt streichen.

30–35 Minuten backen, bis der Teig aufgegangen ist und an einem in der Mitte eingestochenen Stäbchen keine Teigreste haften. 10 Minuten in den Formen abkühlen lassen, dann auf ein Kuchengitter stürzen und vollständig erkalten lassen.

Wenn die Teigböden kalt sind, die Creme zubereiten. Die gefriergetrockneten Himbeeren in einem Mixer zu Pulver zerkleinern. Zur Seite stellen. Die weiße Schokolade in einer hitzebeständigen Schüssel über einem Topf mit schwach köchelndem Wasser schmelzen. Dabei darf der Schüsselboden das Wasser nicht berühren. Zur Seite stellen.

Die Butter mit der Hälfte des Puderzuckers verrühren. Den restlichen Puderzucker darüber sieben, die pulverisierten Himbeeren zufügen und die Mischung hell und schaumig aufschlagen. Die flüssige Schokolade zugeben und nochmals aufschlagen. Einen Teigboden auf eine Servierplatte legen und mit einem Drittel der Buttercreme bestreichen. Die Hälfte der frischen Himbeeren darauf verteilen und den zweiten Teigboden auflegen. Die restliche Creme mit einer Palette auf Oberfläche und Seiten der Torte verstreichen. Mit den restlichen Himbeeren garnieren.

Bananen-Pekannuss-Torte mit Buttercreme

ERGIBT 12 STÜCKE

200 g Butter, und etwas mehr zum Einfetten
175 g brauner Zucker
4 Eier (Größe M), leicht verquirlt
3 sehr reife Bananen, zerdrückt
300 g Mehl
4 TL Backpulver
1 TL Vanilleextrakt
50 g Pekannüsse, fein gehackt

Für die Buttercreme
200 g Butter, zimmerwarm
400 g brauner Zucker
125 ml Vollmilch
400 g Puderzucker
50 g Mascarpone
Bananenchips zum Garnieren

Den Backofen auf 180 °C vorheizen. 2 runde Backformen (20 cm Durchmesser) einfetten und mit Backpapier auslegen.

Butter und Zucker hell und schaumig aufschlagen. Die Eier in kleinen Portionen zugeben und jeweils gut unterrühren. Die Bananen untermischen, dann Mehl und Backpulver darauf sieben und vorsichtig unterheben. Vanillearoma und Pekannüsse zufügen und unterrühren.

Den Teig in die Formen verteilen und glatt streichen. 25–30 Minuten backen, bis die Oberfläche goldbraun ist und an einem in der Mitte eingestochenen Stäbchen kein Teig haftet. 10 Minuten in den Formen abkühlen lassen, dann auf ein Kuchengitter stürzen und vollständig erkalten lassen.

Für die Creme Butter und braunen Zucker in einem Topf bei niedriger Temperatur unter ständigem Rühren erhitzen, bis die Butter geschmolzen und der Zucker aufgelöst ist. Die Temperatur etwas erhöhen und die Mischung 2 Minuten köcheln lassen. Vorsichtig die Milch zugießen und unterrühren. Die Karamellmischung vom Herd nehmen und auf Zimmertemperatur abkühlen lassen.

Die Karamellcreme in einer Rührschüssel 2 Minuten aufschlagen, bis sie etwas dicklich wird. Die Hälfte des Puderzuckers darauf sieben und unterrühren. Den restlichen Puderzucker zufügen und die Mischung hell und schaumig aufschlagen. Den Mascarpone zugeben und kurz glatt rühren.

Einen Teigboden auf eine Servierplatte legen und mit der Hälfte der Buttercreme bestreichen. Den zweiten Boden auflegen und mit der restlichen Creme bestreichen. Mit Bananenchips garnieren.

Tipp

Selbst ein ganz alltäglicher Kuchen lässt sich festlich aufpeppen. Im Backregal eines gut sortierten Supermarkts finden Sie allerlei interessantes Material für kreative, liebevolle Garnierungen – von essbaren Glitzersteinen, über Rosen aus Fondantmasse, bis zu Schokoladensternen.

Schoko-Orangen-Marmorkuchen mit Orangen-Buttercreme

ERGIBT 12 STÜCKE

275 g Butter, und etwas mehr zum Einfetten
275 g Zucker
5 Eier (Größe M), leicht verquirlt
250 g Mehl
50 g gemahlene Mandeln
3½ TL Backpulver
6 EL Milch
abgeriebene Schale von 1 Orange (Bio)
3 EL Kakaopulver

Für die Buttercreme
50 g gute dunkle Schokolade (70% Kakaoanteil), grob gehackt
100 g Butter, zimmerwarm
200 g Puderzucker
abgeriebene Schale von 1 Orange (Bio)

Den Backofen auf 180 °C vorheizen. Eine Gugelhupfform (1,5 Liter Volumen) einfetten und zur Seite stellen.

Butter und Zucker hell und schaumig aufschlagen. Die Eier in kleinen Portionen zufügen und jeweils gut unterrühren. Mehl, gemahlene Mandeln und Backpulver darauf sieben und vorsichtig unterheben.

5 Esslöffel Milch und die Orangenschale unter den Teig rühren. Die Hälfte des Teigs in eine zweite Schüssel füllen. Auf eine Teigportion das Kakaopulver sieben und mit der restlichen Milch sorgfältig unterrühren.

Abwechselnd helle und dunkle Teigkleckse in die Form setzen, dabei für jeden Teig einen separaten Löffel verwenden. Danach ein Holzstäbchen durch den Teig ziehen, um ihn zu marmorieren.

50 Minuten backen, bis der Kuchen gut aufgegangen ist und an einem in der Mitte eingestochenen Stäbchen kein Teig haftet. 10 Minuten in der Form abkühlen lassen, dann auf ein Kuchengitter stürzen und ganz erkalten lassen.

Für die Buttercreme die Schokolade in einer hitzebeständigen Schüssel über einem Topf mit schwach köchelndem Wasser schmelzen. Dabei darf der Schüsselboden das Wasser nicht berühren. Vom Herd nehmen und etwas abkühlen lassen.

Die Butter mit der Hälfte des Puderzuckers glatt verrühren. Den restlichen Puderzucker zugeben und die Mischung hell und schaumig aufschlagen. Abgekühlte Schokolade und Orangenschale zugeben und gut verrühren.

Den Kuchen auf eine Servierplatte legen und seine Oberseite mit der Buttercreme bestreichen. Dann in Stücke schneiden und servieren.

Würzige Feigentorte mit Zimt

ERGIBT 12 STÜCKE

- 200 g Butter, und etwas mehr zum Einfetten
- 125 g Feinster Zucker
- 75 g brauner Zucker
- 4 Eier (Größe M), leicht verquirlt
- 175 g Mehl
- 50 g gemahlene Mandeln
- 1½ TL gemahlener Zimt
- 3 TL Backpulver
- 5 reife Feigen, längs in dünne Spalten geschnitten

Für die Creme

- 200 g Butter, zimmerwarm
- 300 g Puderzucker
- 1 TL Vanilleextrakt
- ½ TL gemahlener Zimt
- Saft von ½ Zitrone
- 2–3 Tropfen rosa Lebensmittelfarbe
- 125 g essfertige, getrocknete Soft-Feigen, fein gehackt

Den Backofen auf 180 °C vorheizen. 2 runde Backformen (20 cm Durchmesser) einfetten und mit Backpapier auslegen.

Butter und beide Zuckersorten hell und schaumig aufschlagen. Die Eier in kleinen Portionen zugeben und jeweils gut unterrühren. Mehl, gemahlene Mandeln, Zimt und Backpulver darauf sieben und vorsichtig unterheben. Den Teig in die Formen füllen und glatt streichen. 30–35 Minuten backen, bis die Oberfläche goldbraun ist und an einem in der Mitte eingestochenen Stäbchen kein Teig haftet. 10 Minuten in den Formen abkühlen lassen, dann auf ein Kuchengitter stürzen und vollständig erkalten lassen.

Für die Creme die Butter mit der Hälfte des Puderzuckers glatt rühren. Den restlichen Puderzucker zugeben und die Mischung hell und schaumig aufschlagen. Vanille, Zimt, Zitronensaft und Lebensmittelfarbe zugeben und gut unterrühren, dann die getrockneten Feigen untermischen. Einen Teigboden auf eine Servierplatte legen und mit einem Drittel der Creme bestreichen. Mit den Feigen belegen, aber einige Spalten zum Garnieren zur Seite legen. Den zweiten Teigboden auflegen. Oberfläche und Seiten der Torte mit der restlichen Buttercreme bestreichen. Mit den übrigen Feigenspalten garnieren.

Cappuccino-Torte

ERGIBT 12 STÜCKE

225 g Butter, und etwas mehr zum Einfetten
225 g brauner Zucker
4 Eier (Größe M), leicht verquirlt
175 g Mehl
50 g gemahlene Mandeln
3 TL Backpulver
150 ml starker, kalter Kaffee

Für die Creme
200 g Butter, zimmerwarm
400 g Puderzucker
4 EL Konditorsahne
2–3 EL starker, kalter Espresso
Kakaopulver zum Bestäuben

Den Backofen auf 180 °C vorheizen. 2 runde Backformen (20 cm Durchmesser) einfetten und mit Backpapier auslegen.

Butter und Zucker hell und schaumig aufschlagen. Die Eier in kleinen Portionen zugeben und jeweils gut unterrühren. Mehl, gemahlene Mandeln und Backpulver darauf sieben und vorsichtig unterheben. Den Kaffee unterrühren. Den Teig in die Formen füllen und glatt streichen. 25–30 Minuten backen, bis die Oberfläche goldbraun ist und an einem in der Mitte eingestochenen Stäbchen kein Teig haftet. 10 Minuten in den Formen abkühlen lassen, dann auf ein Kuchengitter stürzen und erkalten lassen.

Für die Creme die Butter glatt rühren. 1/3 des Puderzuckers zufügen und unterrühren. Die Mischung sieht nun bröselig aus. Ein weiteres Drittel des Puderzuckers unterrühren. Dann den restlichen Puderzucker zugeben und die Mischung hell und schaumig aufschlagen. Die Sahne unterrühren.

1/4 der Creme in eine kleine Schüssel abfüllen und zur Seite stellen. Die größere Cremeportion mit 2–3 Esslöffeln kaltem Espresso (nach Geschmack auch etwas mehr) gleichmäßig verrühren.

Einen Teigboden auf eine Servierplatte legen und mit einem Drittel der Espresso-Buttercreme bestreichen. Den zweiten Teigboden auflegen.

Oberfläche und Seiten der Torte mit der restlichen Espresso-Buttercreme bestreichen. Die Oberfläche der Torte mit der hellen Buttercreme garnieren. Sie sieht wie das Schaumhäubchen auf dem Cappuccino aus. Kurz vor dem Servieren mit etwas Kakaopulver bestäuben.

Tipp

Mit etwas Glück finden Sie in der Britischen Abteilung des Feinkosthandels oder in Spezialgeschäften Coffee Essence für die Aromatisierung von Backwerken oder Buttercremes. Nach diesem Rezept können Sie die Coffee Essence selber herstellen:

Sie brauchen: 250 ml Espresso, 100 g Zucker.

In einem kleinen Topf Zucker im Espresso auf kleiner Hitze auflösen und die Flüssigkeit ca. 5 Minuten köcheln lassen bis sie dickflüssig und glänzend ist. Abkühlen lassen und in kleine Fläschchen abfüllen. Auch als Mitbringsel gut geeignet.

Rezeptverzeichnis

Cath Kidston® Danksagung
Herzlichen Dank an alle, die an der Entstehung dieses Buchs mitgewirkt haben: Elaine Ashton, Katie Buckingham, Sue Chidler, Jena Glover-Dickson, Natasha Hinds-Payne, Gemma Hurley, Victoria Kay, Elisabeth Lester, Lyndsey Nangle, Toni Stait und alle bei Cath Kidston Ltd.

Originalausgabe 2016 erschienen bei
Quadrille Publishing, London
Text © 2016 Cath Kidston
Fotos © 2016 Rita Platts
Design und Layout © 2016 Quadrille Publishing
ISBN 978 184949 805 0

Quadrille ist eine Gesellschaft im Besitz von Hardie Grant
www.hardiegrant.com.au

Deutsche Ausgabe:
© Busse Verlag GmbH, Bielefeld 2017
Text © 2016 Cath Kidston
Fotos © 2016 Rita Platts
Design und Layout © 2016 Quadrille Publishing
Druckvorstufe: AW-Grafik, Detmold
ISBN 978-3-512-04076-4

Printed in China

www.bussecollection.de

Weitere Informationen zu Produkten von Cath Kidston® finden Sie unter www.cathkidston.com